保育者養成シリーズ

家庭支援論

林 邦雄・谷田貝公昭 [監修]
中野由美子 [編著]

監修者のことば

　周知のとおり、幼児期の保育の場はわが国では幼稚園と保育所に二分されている。幼稚園は文部科学省の管轄の下にある教育の場であるのに対し、保育所は教育を主体とする場ではなく、福祉の側面を備えた厚生労働省の下に位置づけられている。しかしながら、保育所は遊びを通じて情操を育むなど、教育的な側面をも包含していることは言うまでもない。

　このような事情から、従前より、幼稚園と保育所のいわゆる「幼・保一元化」が求められてきた。この動きは、社会環境の変貌とともにしだいに活発となり、保育に欠ける幼児も欠けない幼児も共に入園できる「認定こども園」制度として実現した。すなわち、平成18年に成立した「就学前の子どもに関する教育・保育等の総合的な提供の推進に関する法律」(「認定こども園設置法」)がそれである。

　今後、「総合こども園」(仮称)などの構想もあるが、こうした中で保育者は保育士資格と幼稚園免許の2つを取得するという選択肢が広がる可能性が高まっている。その理由は、総合こども園は、幼稚園機能、保育所機能、子育て支援機能(相談などが提供できる)を併せ持った施設で、既存の幼稚園と保育所を基本としているからである。

　監修者は長年、保育者養成に関わってきたものであるが、「保育学」「教育学」は、ある意味において「保育者論」「教師論」であると言えるであろう。それは、保育・教育を論ずるとき、どうしても保育・教育を行う人、すなわち保育者・教師を論じないわけにはいかないからである。よって、「保育も教育も人なり」の観を深くかつ強くしている。換言す

れば、幼児保育の成否は、保育者の優れた資質能力に負うところが大きいということである。特に、幼児に接する保育者は幼児の心の分かる存在でなければならない。

　この保育者養成シリーズは、幼児の心の分かる人材（保育者）の育成を強く願って企画されたものである。コミュニケーションのままならぬ幼児に接する保育者は、彼らの心の深層を読み取れる鋭敏さが必要である。本シリーズが、そのことの実現に向かって少しでも貢献できれば幸いである。多くの保育者養成校でテキストとして、保育現場の諸氏にとっては研修と教養の一助として使用されることを願っている。

　本シリーズの執筆者は多方面にわたっているが、それぞれ研究専門領域の立場から最新の研究資料を駆使して執筆している。複数の共同執筆によるため論旨や文体の調整に不都合があることは否めない。多くの方々からのご批判ご叱正を期待している。

　最後に、監修者の意図を快くくんで、本シリーズ刊行に全面的に協力していただいた一藝社・菊池公男社長に深く感謝する次第である。

平成25年9月吉日

監修者　林　　邦雄

谷田貝公昭

まえがき

　子どもにとっての最初の教師は母親、最初の学校は家庭であり、人生早期の子どもの成長にとって家庭環境の影響は大きい。しかし、核家族化と少子化が進み、地域社会から孤立した現代の家庭環境は、子育て経験の未熟な若い親たちの成長を促す環境に乏しい。家庭支援は、地域や社会による総合的支援であるが、その中心は保育所や幼稚園・こども園などの施設と保育者である。

　平成13年の児童福祉法改正によって、保育士は「保育」と「保護者への保育指導」を行う専門職として位置づけられた。同時に、保育所は在園児の保育とその保護者支援に加えて、地域の子育て家庭支援をも担うことになった。幼稚園も幼稚園教育要領の改訂によって、こども園は教育・保育とともに地域子育て支援を前提に誕生した施設であることなどから、同様の役割が求められている。

　児童福祉法改正に対応して改正された指定保育士養成校のカリキュラムでは、平成14年より必修科目「家族援助論」を設けたが、平成20年の保育所保育指針改定・幼稚園教育要領改訂に対応した新カリキュラムでは、平成23年から「家庭支援論」に変更された。

　これからの保育士・幼稚園教諭は、従来の保育・教育に加えて、保護者対応の知識と技能の学習とともに、地域との連携を含めた幅広い家庭支援のあり方や支援体制についての学習が求められる。同時に、具体的な保護者対応の実践力養成のために、ソーシャルワークの技能を高める演習科目「保育相談」も新設された。

本書は、平成23年より実施されている指定保育士養成施設の新カリキュラム「家庭支援論」に基づき、それぞれの専門領域の最新の研究資料を駆使して編集している。しかし、若い学生対象の「家庭支援論」の講義は容易ではない。子育て経験もなく、保育で精いっぱいの多くの学生にとっては、子育てや社会的経験がある年上の保護者への対応や連携、保育指導などには不安も多い。したがって、知識や技能の提示だけではなく、学生の保育実習体験を土台にして、連絡帳や送迎時の対応などの具体的事例の活用、ロールプレーによる保護者対応の実践的学習など、学生のイメージを膨らませる工夫をしてほしい。

　なお、本書は多方面にわたる共同執筆であるために、論旨や文体の調整、内容の一部重複等、不都合な部分があることは否めない。多くの方々からのご批判やご叱正を期待している。

　最後に、本書の出版を快く応じてくださった一藝社の菊池公男社長と編集・校正に当たっていただいた森幸一さんに厚く御礼申し上げたい。

平成25年9月

編著者　中野 由美子

家庭支援論 ● もくじ

監修者のことば …… 2
まえがき …… 4

第1章 子どもが育つ場としての家庭・家族 …… 9

第1節　「家庭」と「家族」とは
第2節　現代家族と「家庭」の4大機能
第3節　家庭環境の変化と乳幼児の育ちの変容
第4節　子どもの最善の利益と養育者の役割

第2章 子育て環境の変化と家庭支援の必要性 …… 23

第1節　子育て環境の変容と親子への影響
第2節　親子にとっての家庭支援の必要性
第3節　家庭支援の目的と基本的姿勢

第3章 現代家族の人間関係と子育て …… 35

第1節　子と親を取り巻く社会的状況の激変
第2節　家族関係の多様化と子育て環境の変容
第3節　個人化する家族関係と子育て

第4章 地域社会の変容と家庭支援の必要性 …… 47

第1節　地域社会の変容と子育て環境
第2節　在宅子育て家庭への支援
第3節　地域ネットワークによる家庭支援

第5章 男女が共同で働き子育てする社会 …… 59

第1節　母親に偏っている子育て役割
第2節　共働き家庭の増加と保育施設の現状
第3節　男女共同子育てを支える制度づくり

第6章 保育の場における家庭支援……71
- 第1節　児童福祉法改正による家庭支援
- 第2節　保育所での家庭支援
- 第3節　幼稚園での家庭支援
- 第4節　家庭支援における保育者の姿勢

第7章 家庭との緊密な連携・パートナーシップ……83
- 第1節　「子ども」を核とする家庭支援
- 第2節　子どものエピソードを通しての支援
- 第3節　家庭・保護者との連携・協働による支援
- 第4節　保護者の自己決定を支える支援

第8章 保育所・幼稚園における支援方法の実際……95
- 第1節　日常的な家庭支援の実際
- 第2節　課題を抱える家庭への支援
- 第3節　家庭支援の専門性と保育士の倫理

第9章 子育て支援制度の概要……107
- 第1節　子育て支援施策の基本的視点
- 第2節　子育て支援に関する多様な法律
- 第3節　次世代育成支援施策の展開・拡充

第10章 子育て支援における関係機関や人との連携……121
- 第1節　多様な支援の展開を支える社会資源
- 第2節　社会資源としての専門的支援機関と人
- 第3節　社会資源としての地域活動と人
- 第4節　家庭支援における関係機関の連携

第11章 在宅子育て家庭への支援……133

- 第1節　在宅子育て家庭の現状
- 第2節　認定こども園と在宅子育て支援
- 第3節　地域での子育てを支援する施策
- 第4節　家庭的保育制度の現状

第12章 子育ての負担・不安を抱えた保護者への支援……145

- 第1節　子育てに不安を抱える保護者の増加
- 第2節　ひとり親家庭について
- 第3節　異文化・外国籍の家庭への支援

第13章 発達が気になる子どもと保護者への支援……157

- 第1節　発達に問題がある子どもの現状と課題
- 第2節　障害のある子どもの保育における課題
- 第3節　保護者の障害受容と療育・教育への支援
- 第4節　障害のある子の家庭と専門機関との連携

第14章 ネグレクト・不適切な養育家庭への支援……169

- 第1節　児童虐待の現状と課題
- 第2節　保育場面における支援
- 第3節　虐待家庭に関する専門機関との連携

第15章 子育て支援サービスの課題……183

- 第1節　少子化と子育て支援サービスの課題
- 第2節　諸外国の子育て支援サービスの動向
- 第3節　ワーク・ライフ・バランス社会に向けて

監修者・編著者紹介……195
執筆者紹介……196

第1章 子どもが育つ場としての家庭・家族

佐藤　純子

第1節 「家庭」と「家族」とは

1.「家庭」と「家族」を定義する

　「家庭」と「家族」という言葉から、あなたはどのような人々の姿や暮らしぶりを連想するだろうか。「家庭」と「家族」の違いや意味をしっかりと理解することは、これから本書で「家庭支援論」を学んでいくうえでの重要な基礎知識となる。そこで、「家庭」や「家族」の定義を以下に整理してみることにする。

　まずは、「家族」の定義から明確にしていきたい。『広辞苑』には、「夫婦の配偶関係や親子・兄弟などの血縁関係によって結ばれた親族関係を基礎にして成立する小集団」が「家族」であると示されている。他方、家族社会学といった専門的な分野では、「家族」の定義づけが次のようになされている。正岡寛司によると、「家族とは、親族関係に基づき、共同的に活動を行う規模の小さな集団である。そして『家族』に配分される、あるいは家族により選択される活動は、文化制約的、社会規制的、あるいは家族により選択的であり、その活動およびその遂行の様式が家族集団の成員を規定する」[正岡、1988]としている。この定義を用いるならば、家族とは血縁関係や親族関係で結ばれた者たちの集団であり、その活動は社会制度の中で家族成員によって選択されながら営まれていることが分かる。それに対し森岡清美は、「家族とは、夫婦・親子・きょうだいなど少数の近親者を主要な成員とし、成員相互の深い感情的なかかわりで結ばれた、幸福（Well-being）追求の集団である」[森岡・望月、1997]としている。

　続いて「家庭」の定義についても明らかにしていくことにしよう。「家庭」とは、「夫婦・親子などが一緒に生活する小さな集まり。また、家

族が生活する所」であると『広辞苑』には記されている。

　以上のことから、「家族」とは互いの感情を交流する血縁や近親者から成る親族集団であり、それらの人間集団が生活を共にする場所が「家庭」であることが理解できるであろう。つまり「家族」とは、「小集団」であり、同時に「社会構成の基礎単位」の一つということになる。そして「家庭」は、「家族」が生活するための場や空間、さらにはそこで醸成される雰囲気や情緒的な関わりを保持する拠点となっている。したがって、「家庭」は物理的な側面と情緒的側面の両方を満たす場所であると言える。

2．「家庭」と「家族」の現在（いま）

　「家庭」では、家族成員が生活拠点を共有することが条件となる。ところが「家族」は、感情の包絡で結ばれている近親者の集団を示すことから、その小集団（夫婦・親子・兄弟姉妹）が同じ場所に暮らさなくとも「家族」であるということになる。昨今では、家族の形態やその関係性がいっそう複雑な様相を呈している。具体的な例を示すとすれば、同性愛のカップルが自分たちを「家族」であると主張するケースが挙げられるであろう。また、「ペット」を自らの「家族」とみなす者も少なくない。このように現代社会では、これまでの「家族」の定義が必ずしも全ての「家族」にあてはまる概念ではなくなってきている。

　今後ますます多様化し、かつ複雑化する「家庭」や「家族」を、我々はどのように捉え、どのように社会の中で受容していけばよいのだろうか。まずは、それぞれの「家庭」や「家族」が持つさまざまな機能を円滑に発揮できるようにすることが求められる。ところが、現代社会においては、それらの機能の発揮が家族成員の自助努力だけでは果たすことができなくなっている。そのため、社会全体の見守りや家庭支援の体制を整えていくことが重要となってくる。

第2節 現代家族と「家庭」の4大機能

　第1節において述べたように、「家族」は社会の基礎的な集団であり、その集団が生活を共にする場が「家庭」である。そして、共同生活集団である「家族」は家庭内で多面的な機能を担っている。「家庭」における機能は時代によって異なるため、その機能を定義することは困難であるが、子育て中の「家庭」が担う機能を分類するならば、次の4種類に大別できるであろう。

1. 生命維持機能

　「家庭」とは、家族成員が互いにきずなを形成させながら生活していく拠点である。そして、そこでのきずなが形成されるためには、夫婦（事実婚も含む一対のカップル）の関係性が重要であり、その単位が家族形成の基礎となる。夫婦を中心に構成される「家族」は、各家庭の中で欲求充足をしていく。具体的には、食欲や性欲、安全と保護を求めるなどの欲求を「家庭」の中で満たしていくことになる。このような生理的欲求が満たされないと、子どもを産み、社会の構成員を育てていくことが達成されないどころか、種の存続そのものが危うくなる。

　また「家庭」には、食欲や安全および保護を求める欲求を満たす機能がある。おなかが空いた子どもがいるとすれば、「家庭」にいる大人が食事を提供し、その欲求を充足する。家庭内で「家族」がいっしょに食事を取ることは、その成員の生理的な欲求を満たすだけではない。食事の場は、子どもに対する倫理観やマナー、そして自国の文化や伝統、風習などを伝承する機会ともなる。さらに、このような機会は、食育の向上にも寄与するであろう。

　他方、社会にはあらゆる危険が存在している。外界にあるさまざまな

危険から子どもを物理的・身体的・精神的に保護することも「家庭」の持つ機能であると言えよう。「家庭」の中では、まず他者から襲われたり、危害を加えられるようなことは起こらない。加えて、精神的な安らぎが得られる安全な休息の場が「家庭」であり、明日への糧を養うことのできるくつろぎの場ともなっている。内閣府が行った「国民生活に関する世論調査」(**図表1**)によると、「家庭はどのような意味を持っているか」の質問に対する回答では、「家族の団らんの場」を挙げた者の割合が最も高く64.4%となっている。「休息・やすらぎの場」の割合も59.6%と高い数値を示しており、「家族の絆を強める場」の55.5%がこれに続いている。この調査結果からは、現代の人々が「休息ややすらぎを得ること」を「家庭」に対して求めている傾向が強いことが分かってくる。

以上に述べてきた生命の維持に関わる欲求は、それぞれの人間が人として生まれながらにして持つ本能であると言える。

図表1　家庭はどのような意味を持っているのか

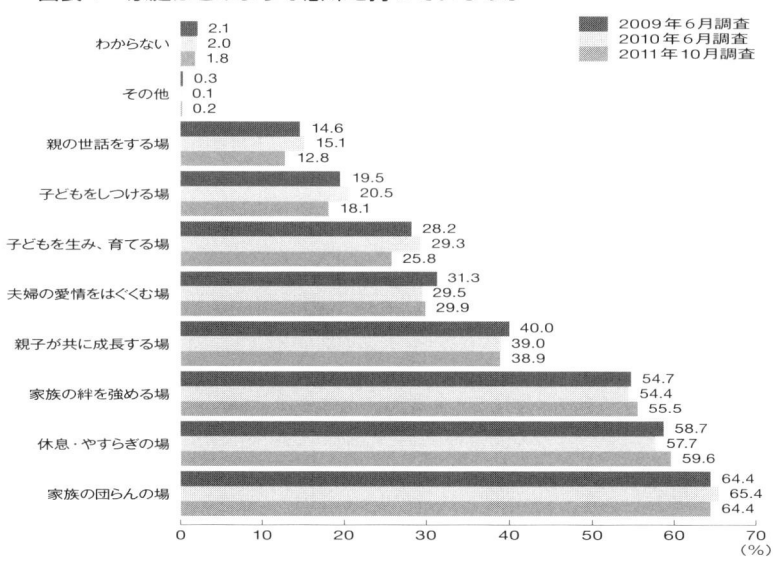

出典：内閣府「国民生活に関する世論調査」

2．生活維持機能

　社会生活を営んでいくうえで、人はある一定の生活基準を維持したいという欲求や基準を超えた暮らしをしたいという欲求を持つ。暮らしを維持していくうえで付随してくるこのような欲求が充足されなくなった場合、「家族」の生存そのものが危うくなるということはない。しかし、一定の生活基準に照らし満足のいく生活が営めないことは、人々の孤立感・疎外感・不満感を招く原因にもなりうる。その結果として、精神疾患や逸脱行動を起こす場合もある。

　「家族」が安心し、安定した生活を維持していくためには、経済的な基盤が最も重要となるであろう。なぜなら、「家族」は共同生活を営む単位として、生産と消費の機能を用いて暮らしていく必要があるからである。とりわけ、子どもが小さいうちは、経済面での負担が多くなる。適正な経済的資源の確保と配分が行われるためには、家族成員による収入の調達と支出の調整がなされなければならない。しかし、子育て世帯の経済的ニーズを充足していくには、家庭内における家族自身の力だけでは成り立っていかない。それとは別に、社会保障や子育て支援事業など制度面の整備をしていくことが必須となる。

　昨今は、子どもや子育て家庭をめぐる制度面での変革が著しいものの、親側の雇用の不安定さやひとり親世帯の増加など、子育て世帯が置かれている生活環境がより厳しさを増している。また、子どもの貧困など世帯間で生じている格差の是正についても、喫緊の課題として取り組む必要がある。各家庭における生活維持機能を十分に発揮していくためには、すでに述べたように生活自体がある一定の基準を満たすことが条件となる。快適な家庭生活の維持、つまり衣食住の適切な保障を目指すのであれば、その暮らしを下支えする生活の糧が確保される必要がある。さもなければ、「家庭」における生活維持機能が促進されることはない。

3．子どもの社会化機能

　一つの生命が誕生すると、その子どもは自分自身の属する社会集団の中で一人の人間として育成され、当該社会で営まれている行動様式や生活様式を学んでいく。このような過程を通じ、人は出自集団の一成員として成長を遂げてくのである。その過程こそが「子どもの社会化」である。すなわち、子どもが自分自身の「家族」や地域の人々、遊び仲間、学校などにおける人間関係を通じてその社会の適応に必要な知識、技能、規範などの社会的価値を自己の内部へと取り入れる過程を意味している。

　子どもが人生において最初に所属する小集団である「家族」では、同じ「家庭」で暮らす成員の誰かが子どもを育て、社会に適応できる人間へと教育していかなければならない。こうした子どもを社会化する作業は、子どもの人間性を形成し、出自の文化をその子どもの中に内面化させる働きを促している。そのため、子どもを社会化していく機能は、より本質的な機能であると理解できる。以上に示した子どもを社会化する動きを、学問的には「第一次社会化」と呼ぶことがある。

　我々人間は、たとえ年老いたとしても新たな知識や考え方を自己のものへと獲得していこうとする特性を持っている。つまり、人間の社会化は一生涯続くものであると言える。しかしながら、その人間の基礎となる社会化は、乳幼児期に行われる。なぜなら、子どもは親子関係を基にしながら人格形成を行っていくからである。パーソンズが「家族はパーソナリティを作り出す工場」であると述べている［パーソンズ，1981］のは、子どものパーソナリティが家庭内におけるメンバー相互のやり取りを通じて育まれるからである。

4．福祉・養育機能

　「家庭」には、自らの力では生活していけない者や働くことのできない者に対して、養育・介護・世話をしていく機能が求められる。その対

象をたとえるならば、乳幼児や児童、病人や障害者、高齢者などが該当するであろう。すなわち、家族成員のうちの誰かが、ケアを必要とする自身の「家族」に対して福祉的なケアを実践することで、家庭生活は成り立っている。

今日では、「保育の社会化」や「介護の社会化」が急速に進み、家庭内の福祉的な側面がより外部へと移行する傾向となってきている。しかしながら、家事や育児といった家庭内の福祉活動を完全に「家庭」の外へと委ねることは困難である。なぜなら、福祉的なケアが必要な者を施設等に入所させるか、または別居の形を採るかといったなんらかの手立てを講じなければ、現実的には不可能に近いからである。すなわち、お互いの生活分離がなされない限り、福祉や養育機能を担うべき者が「家庭」の中に必要ということになる。

子どもが小さいうちは、子どもの養育や扶養が「家庭」の持つ機能の中で、とりわけ重要な位置を占めてくる。親は、子どもの世話をすることでその子どもの心身の発育と発達を促していく。このような機能は、伝統的な「家族」の営みとして捉えられる根幹的な「家庭」の機能であると言えよう。さらに、福祉や養育機能には対人ケアだけではなく、炊事や入浴、掃除、洗濯など日常的な家事一般も含まれる。このような機能が「家庭」の中できちんと果たされてこそ初めて、子どもの生活環境が健全なものへと整っていく。

福祉や養育機能に関わる課題を指摘するならば、その担い手を誰に託していけばよいのかという点が挙げられる。このことは、現代社会に生きる我々一人ひとりが考えていかなければならない事項となる。その課題を解決へと結びつけるためには、「近代家族（modern family）」の成立後に広がった「男性は仕事、女性は家事・育児」という性別役割分業意識を改めて見直していくことが求められる。なぜなら、各々が意識を改革していくことが、子育て環境の改善や子どものよりよい育ちに直接関わってくるからである。

家庭内での福祉的な機能や子どもの養育を担う役目は、決して母親一人だけに任せるべきものではない。もう一人の親である父親の役割や、「家族」をサポートする保育者や支援者の役割、地域住民たちの役割も同じように重要となってくる。「家庭」におけるケア機能をどこまで社会化し、保育者や支援者がどの程度「家族」に対してサポート役を担っていけばよいのか、その判断は難しいであろう。しかし、子育て支援の支え手が増えていくことや「子ども・子育て」に関わる諸制度が整備されていくことは、孤独な子育てから親たちを解放し、児童虐待などの危険から親と子の両方を救うことにつながっている。

第3節　家庭環境の変化と乳幼児の育ちの変容

1．「家族」と地域の関わり

　現代の「家族」を取り巻く子育て環境は多様に変化している。また子育ての方法論から価値観に至るまで、その中身も大きく変容を遂げている。かつて、子どもが多かった時代には、子どもは自分の「家族」だけではなく、近隣の地域住民など多様な人々との関わりの中で育成されてきた。地域には、社会的なおじ・おば（地域の中で子どもを叱咤激励し、子どもの安全性を見守る大人の存在）がおり、子ども集団は群れ遊びを通じて社会のルールや規範、マナーや人間関係を学び自我を確立していった。しかし、高度経済成長期（1955年頃）以降は、産業構造の変化によって核家族世帯が急増している。またそれに伴い、地域社会における人々の関係性も脆弱化している。

2．現代社会における「子育て・子育ち」

　現代の日本では、「少子高齢化」が社会問題となって久しい。わが国

において「少子化」の問題が顕在化してから、すでに20年以上もの歳月が経過している。このような社会では、ますます子どもや子育てをめぐる人々の交流が減っていき、地域構成員の相互のつながりは希薄化する一方である。その結果として、育児を孤立化させ、密室育児の状態がさまざまな弊害（例えば、過剰な育児不安感や育児ストレス、養育者の精神疾患、児童虐待、子どもの発育障害など）をもたらしている。さらに、わが国では母親規範が現在に至っても根強く残っており、そのことが親たちの育児に対する負担感や孤独感、不安感をよりいっそう助長している。

3. 「少子化」と孤立する「家族」

高度経済成長期以降、わが国で合計特殊出生率の連続した低下が目立つようになったのは、1980年代に入ってからのことになる。1966年（丙午の年）に合計特殊出生率が1.58に低下したこともあったが、その数値

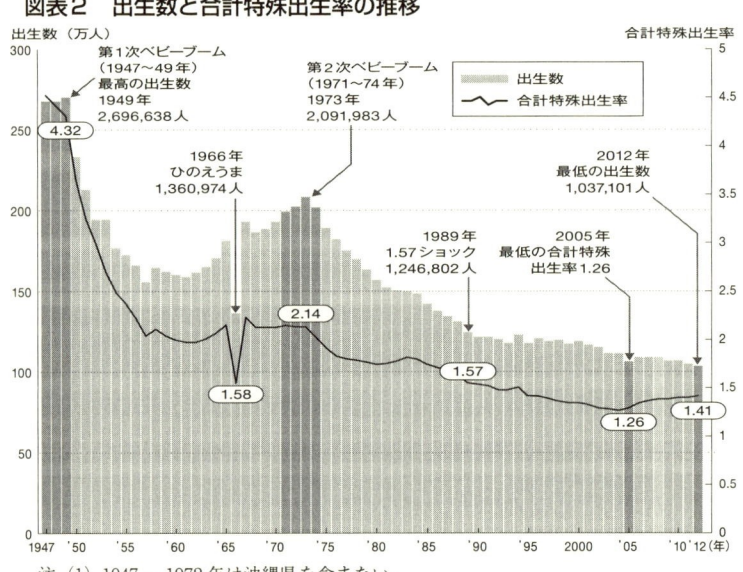

図表2　出生数と合計特殊出生率の推移

注（1）1947～1972年は沖縄県を含まない。
　（2）2012年の出生数及び合計特殊出生率は概数。

出典：厚生労働省「平成24年人口動態統計月報年計（概数）の概況」を基に作成

は一過性のもので終わった。その後は1970年代に第二次ベビーブームが到来し、出生率は2.0台を維持することができた。すなわち、人口置き換え水準を下回ることなく出生率が比較的安定していた時代が1970年代となる。ところが、1989年になると1966年の数値を下回る1.57（いわゆる「1.57ショック」）を記録することとなり、「少子化」に対する危機感が世論に広がっていった。1990年代の終わり頃から数年の間は1.3～1.4の値を推移していたが、2005年になると、ついに過去最低となる1.26を記録した。2006年以降は上昇傾向に転じているものの、2012年の数値は1.41であり、依然として低水準の値を推移している（**図表2**）。

　以上のように現代では、家族形態や家族構造の変化が著しい。このような「家族」の変化は、乳幼児の育ちにも大きな影響を及ぼしている。さらに、子どもを育てる立場にある養育者にとっても、子育てがしづらい環境へと変化している。特に、孤立した子育て家庭が抱える諸問題が、育児不安や児童虐待につながりやすいことから、親子を孤立しないためのしくみづくりや地域づくりの必要性が声高に叫ばれている。

第4節　子どもの最善の利益と養育者の役割

1．養育者をエンパワーメントする

　子どもの最善の利益を考慮するならば、子どものいちばん身近な人的環境（Primary Agent）となる養育者の存在に着目する必要があるだろう。これまでわが国で実施されてきた「家庭支援」のあり方を見てみると、養育者の子育て負担を軽減し、より子育てのしやすい環境を整えることが最優先されてきた。つまり、養育者を客体とする事業が多く見られたため、「支援する側」である保育者と支援者、そして「支援される側」で

ある養育者という2つの立場を生み出すようになったのである。このような二項対立的な両者の関係性は、養育者である親から「どのように子どもを育てるのか」を考える機会さえも奪っていった［池本、2003］。このことからも、わが国で主流となったサービス提供型の「家庭支援」のあり方を抜本的に見直し、新たな子育て法や子育て支援のあり方を模索することが必要となってくる。具体的な方法としては、養育者の主体的な子育てを支えるとともに「養育者が子どもとともに成長していく」ことの価値を地域全体に浸透させることが有効となる。つまり、養育者のエンパワーメントを支えるための拠点作りと人々のつながりを広げていくことへの働きかけが求められている。

　すでに述べたように、わが国の少子化対策や子育て支援の方向性は、養育者の主体性を尊重したサポートではなく、子育ての負担感を軽減させるための保育の代替といった要素が強い。その結果、子どもを養育する側の「してもらう」ことへの慣れを助長し、モンスターペアレンツなど養育者のクレーム対応も保育者や支援者の仕事となっていった。確かに、子育て支援事業を充実させることは、育児ストレスや孤独な子育てから養育者を救うという利点がある。しかしその一方で、サービスに依存的な親を再生産することにもつながっている［佐藤、2010］。

2．養育者の力を引き出す支援とは

　現代の家族形態を鑑みると、「子育ての社会化」なくして子育てをすることは極めて厳しい状況となっている。しかしながら、子育て支援事業の従事者が一方的に養育者の子育て負担を肩代わりすることだけは回避していかなければならない。ここで保育者なり支援者が留意すべきことは、支援の内容が子育ての代替にとどまることなく、養育者自身の力を引き出す支援になっているかを再確認する点にある。2006年に制定された新教育基本法では、「父母その他の保護者は、子の教育について第一義的な責任を有する」という条文が新たに設けられており、養育者の

子育てに対する第一義的な責任を強調している。社会保障をめぐる財源や人材には限りがあり、そのニーズに応えるためには当事者たちの力は欠かせない。だからこそ「家庭」を支援していく際には、子育てをしている養育者の当事者性に着目していく必要がある。今後は、「家庭」を支えていく者たちが、養育者を重要な社会資源（Social Capital）として捉えていく視点を持つことが、よりいっそう求められるであろう。

3．「家族支援」のこれから

保育現場・子育て支援現場と養育者の協働を実現するためには、「保育者集団と養育者（親）集団が共に子育てパートナーである」という考えを深く浸透させていく必要がある。お互いを貴重な人的資源として捉えていくならば、その利益は必ずや子どもへと還元されていく。さらに、子どもが最善の利益を享受することは、養育者の利益にもつながり、当該地域の活性化にも寄与するという結果を生む。繰り返しにはなるが、養育者を保育のパートナーとして捉え、日々の子育てや保育活動に対し共に取り組むという姿勢をとることは、今後の「家庭支援」を円滑に進めていくための鍵を握っている。「家庭支援」の究極の目的とは、①子どもの最善の利益の追求、②養育者のエンパワーメント、③家庭環境の健全化を促進することであり、このトライアングルが安定して保てるよう子育て家庭を支えることなのである。

【引用・参考文献】
池本美香『失われる子育ての時間——少子化社会脱却への道』勁草書房、2003年
佐藤純子「日本およびニュージーランドにおけるプレイセンターのソーシャルキャピタル効果に関する事例研究——参加する親たちの精神性や行動特性を手がかりにして」国立社会保障・人口問題研究所『海外社会保

障研究』173 号、2010 年、pp. 16-27

T・パーソンズ，R・F・ベールズ（橋爪貞雄ほか訳）『家族——核家族と子どもの社会化』黎明書房、2001 年

正岡寛司「現代家族と社会」正岡寛司・望月嵩編『現代家族論』有斐閣大学双書、1988 年、pp.38-54

森岡清美・望月嵩共著『新しい家族社会学〔4 訂版〕』培風館、1997 年

第2章

子育て環境の変化と家庭支援の必要性

中野由美子

第1節 子育て環境の変容と親子への影響

　1950年代後半から始まったわが国の高度経済成長は、子どもや子育てをめぐる地域・家庭環境を激変させた。自然環境や遊び場は減少し、地縁や血縁の人間関係は縮小し、核家族化とともに都市を中心に専業主婦家庭が増えた。少子化が進行する中で「3歳児神話」や「母原病」など、母親への子育て責任の強調と心理的圧力が強まった。

　1986年の男女雇用均等法の実施とともに女性の社会進出が進み、共働き家庭や単親家庭など多様な家族が出現した。就労経験を持つ母親、育児後に再就職する母親も増え、仕事と子育てを両立できる環境づくり（ワークライフバランス）が求められる社会になった。家庭と社会が共同で子育てに取り組み、家庭の多様なに対応した保育施設や子育て支援事業が創設されてきた。

1．子どもが育つ「3間」の変質

　地域の子育て環境の変容は、地域のつながりや住民のきずなを弱体化させ、家庭を孤立させた。子どもの生活空間は、家庭・地域からメディア接触と習い事や塾の場へと移り、子どもが育つ「3間」（さんま）（生活空間・生活時間・仲間集団）は縮小し、子どもの生活と育ちを変質させた。

(1) 狭くなった子どもの生活空間

　空き地や原っぱなど自然の遊び場の喪失は戸外遊びを減少させ、子どもと自然の関係を変えた。自然と触れ合う原体験・直接体験は減少し、室内でのメディア接触などの間接的擬似体験が増加した。身体遊びの減少は、運動能力や生活技術能力を低下させ、生命や自然への感性や心情を変質させ、主体的・自発的な遊びや学ぶ姿勢の低下につながった。

図表1　子どもの生活の変化

(1) 習い事をしている子ども

区　分	2000年	2005年	2010年
全　体	49.4%	57.5%	47.4%
1歳後半児	23.3	25.1	17.1
2歳児	26.8	37.3	24.6
3歳児	42.0	50.9	37.7
4歳児	47.2	54.9	45.8
5歳児	68.6	75.1	67.6
6歳児	75.7	85.5	76.7

(2) いっしょに遊ぶ相手

区分	1995年	2000年	2005年	2010年
母親	55.1%	68.6%	80.9%	83.1%
きょうだい	60.3	61.2	49.9	51.6
友達	56.1	51.9	47.0	39.5
父親	9.4	14.5	15.2	13.3
一人	15.8	19.3	14.3	11.2

（注）首都圏の6か月～6歳就学前の子どもを持つ保護者3522名を対象とした調査（比率）

出典：[ベネッセ次世代育成研究所、2011]

(2) 変質した子どもの生活時間

　伝承遊びが減少し、TV、DVDなどのメディア接触、PCやテレビゲームなどの機器を使った遊びや、習い事・塾の低年齢化（**図表1(1)**）が、戸外遊びの減少を招いた。2005年調査では、通信教育・スポーツを中心に2～3歳児の習い事が増加し、英会話教室に通う3歳児が約10％いるなど低年齢化が進んだ。遊び体験の質的変化は、心身の健康や生活習慣、生活自立能力や対人関係の発達に影響を与えている。

(3) 減少した遊び仲間

　少子化によってきょうだいや友達数が減り、母親が遊び相手をする家庭が増えている（**図表1(2)**）。親は、子どもが幼い時から遊び相手を家庭外に求めなければならない。1、2歳児は地域の子育てひろばへ、3歳児の約75％が集団保育に参加するなど、早期からの集団参加と集団保育時間の延長が進んでいる。

2．失われた親が育つ環境

(1) 子育て伝承の喪失と未熟な親の出現

　近代以前の農業社会では、祖父母が育児を分担することで親世代の仕事と子育てが両立でき、親から子へと子育て文化は伝承されてきた。しかし、核家族化してきょうだい数が減少した現代の家庭では、祖父母世

代からの子育て伝承は途切れ、乳幼児を観察する体験、接触する体験、世話する体験も激減した。孤立した家庭では親準備体験の機会も乏しく、出産後初めて乳児を抱き、子どもの発達や子育てに無知な親世代が出現した(**図表2**)。抱き方が分からない、子どもへの愛情表現の仕方が分からないなど、子どもと向き合うのが苦手で子育てを楽しめない親や、子どもより親の都合や欲求を先行させる、親どうしのつきあいができない、自己中心的なクレームをつける親など、新しいタイプの親が出現してきた。さらに育児情報に頼る子育ての広がりは、わが子と情報のズレを受け止められない、子育てに自信が持てない、焦りや期待外れ感から不適切な養育をするなど、不安や負担感から育児ストレスや育児ノイローゼになる親を増加させた。

　親が最も育児困難を感じる時期は、2歳以前の「前言語期」といわれ

図表2　乳幼児と接した経験

(1) 自分の子どもが生まれるまでに、他の子どもを抱いたり遊ばせたりした経験

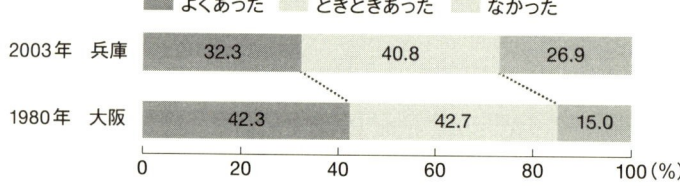

(2) 自分の子どもが生まれるまでに、他の子どもに食べさせたりおむつを替えたりした経験

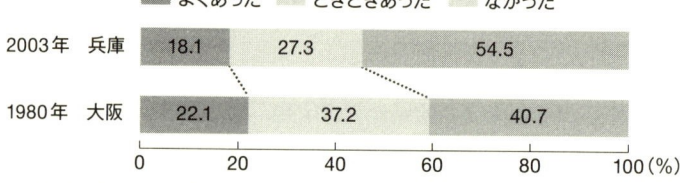

(注) 大阪府・兵庫県の4か月・10か月・1歳6か月・3歳児健診時の親7925人を対象とした調査結果。

出典：[原田、2006] p.142

る。言葉が主な伝達手段になる以前の子どもとの関わりは、抱っこや目交い、視線や表情による共感的な関わり、ジェスチュアや指さしなどの身体（五感）を使ったコミュニケーションが中心になる。表情を見て子どもの意思を読み取れない、身体を使った感覚遊びが苦手、言葉掛けをしない親などの出現は、赤ちゃんと接した経験が乏しいことに起因する。多忙な大人やメディア、早期教育などからの一方的な働きかけは、前言語期の子どもの育ちにそぐわない。抱っこや喃語などでの感覚的接触が苦手、めんどくさい、つらいと感じる親の無理解や対応の未熟さが、不適切な養育態度につながることも増えている。

3．親を支える子育て環境づくりが必要

地域活動に関する内閣府調査（2009年）によると、親が希望する子育ての地域活動として、「子育ての悩みを気軽に相談できる活動」（61％）、「親同士の仲間づくり活動」（50％）、「不意の外出時に子どもを預ける活動」（45％）、子どもの遊びを支援してくれる活動が挙げられた。親としての役割と子育て技能を身につけるためには、子どもと同様、親が育つための3つの間、すなわち、親の居場所、育ち合う仲間、親として学び合う時間など、親が成長できるための社会的支援が欠かせない。

(1) 親に居場所・たまり場を（空間）

子育ての困難さは、親の孤立と子育てを観察する機会の喪失から始まる。祖父母からの伝承が途切れた親たちには、いつでも利用できる親子の出会いと交流の場、情報交換ができる井戸端会議の場が欠かせない。

(2) 親に育ち合う仲間を（仲間）

大人との会話が乏しくなる育児期の親は、子どもとだけの生活にストレスを感じ、大人どうしの時間を欲している。妊娠中や子連れであっても、多くの母親は気晴らしや仲間との出会いを求めて外出を望んでいる

図表3 子連れ・妊娠中の母親の外出実態

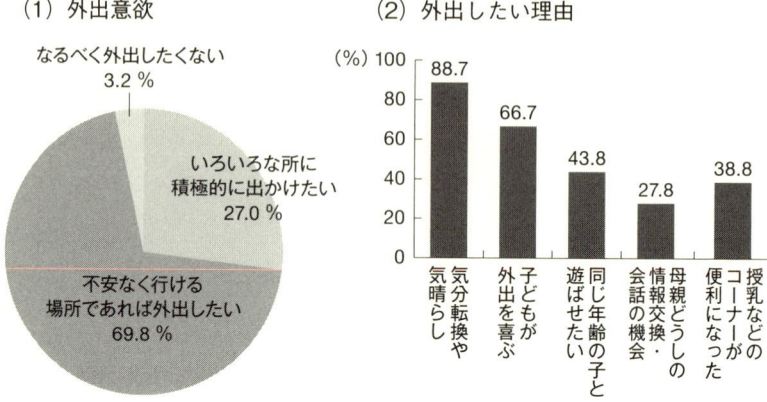

（注）全国の18〜49歳、3歳未満児の母親1069人を対象とした調査。
出典：[財団法人こども未来財団、2004]を基に作成

（図表3）。悩みや体験を話し合うだけで、心理的安心や子育てスキルを得てリフレッシュすることができる。親は親仲間だけでなく、親への支援者も求めている。親どうしでは解決しにくい、専門的判断を要する相談などは、支援者による関連機関との連携支援が求められる。

(3) 親に子どもから離れる時間を（時間）

突発的な事情や家族の都合等から、あるいは育児疲れや育児ストレスによる親の心身の負担を軽減・リフレッシュするためにも、子どもを一時的に預ける必要が生まれる。孤立した家庭での濃密すぎる親子の生活からの一時的解放は、親自身の心身の健康のみならず、子どもへの不適切な養育の予防や親子関係の調整につながる場合もある。

第2節 親子にとっての家庭支援の必要性

1. 親子にとっての家庭支援の必要性

(1) 障害や発達上の問題を抱えた親子への支援

　心身に障害を抱えた子ども、発達障害児や「気になる子」と呼ばれる発達の遅れが目に見えにくい子どもたちは、家庭や保護者だけでの養育に困難が伴う。発達上の問題を抱えた家庭への支援は、保育施設だけでなく、療育機関や病院などの専門的支援や連携が欠かせない。

(2) 不適切な養育等が疑われる親子への支援

　子どもの年齢や特徴、個性に応じて保護者が適切に養育することは、親子関係づくりの基本である。中でも、親子の安定した愛着関係の形成は、子どもの最善の利益になる。親の極端なしつけや誤った養育態度が子どもの成長を阻害する事例の典型が虐待家庭であろう。保育所は虐待から子どもを守る場の一つであるが、その際、家庭や保護者に代わって子どもの養育を代替する施設や人との連携が必要になる。

(3) 家庭環境に問題ある親子への支援

　貧困や社会的孤立家庭、DVなど夫婦関係に緊張ある家庭、ひとり親家庭や共働き家庭、異文化家庭など、子どもの養育に問題が生じやすい家庭環境にある子どもは、子どもの最善の利益の観点から適切に保護されなければならない。家族関係の亀裂や離婚、経済的貧困などは、家族の離散を招き、その解決を家族内だけで処理することは難しい。家族内の人間関係と家族を取り巻くネットワークを考慮して、社会的資源の利用を支援することが、親子の最善の利益につながる。

2. 親になるための学習支援の必要性

　現代社会は、親としての発達を促す環境に乏しい。わが国の少子化対策としての子育て支援施策は、物理的な保育支援や金銭的負担の軽減が重視されがちである。しかし、最も重要な家庭支援は、親子がしっかりと向き合って愛着関係を形成し、安定した家庭と親子関係を形成する力を親に体得してもらうことである。

　安定した家庭と親子関係をつくる支援は、親子が同時参加する場で行われることが望ましい。乳幼児の親たちは、親子がいつでも参加でき、適切な支援者がいる場を求めている。支援者は、子どもと遊び、子どもの友達づくりを助ける。また、親どうしをつなぎ、親どうしの話し合いや相談を通して親の気づきを促す。さらに、子どもとの接し方のモデルになり、親の気づきの確認とその定着支援を行うことを通して、親の子育て自信を高め、子育てを楽しめる親、自分で判断し決定ができる親の育ちを支援する人である。親の支援者は、一方的に教える人ではなく、共に参加する活動を通して、親としての資質や能力に気づかせて引き出し、安定した家庭と親子関係づくりの力を発揮できるように支援する人である。つまり、保育の知識と技能を活用して親の養育力向上を支援する人、親を「エンパワメント（Empowerment）」する人である。同時に、地域の養育力を育成する役割や、次世代の親予備軍の若者たちに子育て学習の場を提供する役割もある。

　わが国でも、親子の居場所としての地域子育て支援拠点が全国的に広がりつつある。現状では、相談と情報提供によって親子の孤立を防ぐ場であるが、親は支援の対象者でしかない。カナダのファミリーリソースセンターやニュージーランドのプレーセンターでは、親の子育て力を高めるために学習機会が必要な親には学びの場を設ける、あるいは親を保育に参加させるなど、センターを子育ての主役である親の生涯学習の場として位置づけ、活用している。

第3節 家庭支援の目的と基本的姿勢

1. 保育所による家庭支援の基本的姿勢

　児童福祉法第18条の4（2001年改正）は、「保育士とは、専門的知識及び技術をもって、児童の保育及び児童の保護者に対する保育に関する指導を行う」とし、保護者への支援は保育士の業務であり、保育と一体で行われるとした。具体的には、保育所保育指針（2008年改正）の第6章「保護者に対する支援」において、まず「保護者に対する支援の基本」を示し（図表4）、続いて「保育所に入所している子どもの保護者に対する支援」と「地域の子育て家庭への支援」の2つが明記されている。

図表4　保育所による家庭支援の基本姿勢

(1)　子どもの最善の利益と子どもの福祉の重視
　　　保護者に対する支援の判断基準は、子どもの福祉、子どもの最善の利益であること。
(2)　保護者との共感
　　　保護者とともに子どもの成長の喜びを共有し、保護者の自信を育てる働きかけをすること。
(3)　保育所の特性を生かした支援
　　　保育に関する知識・技術などの保育の専門性や子ども集団が常に存在する環境など、保育所の特性を生かすこと。
(4)　保護者の養育力向上への寄与
　　　保育の状況を踏まえて、子どもと保護者の安定した関係に配慮して、保護者の養育力の向上を支援すること。
(5)　相談・助言におけるソーシャルワークの機能
　　　助言に当たっては、保護者の気持ちを受け止め、相互の信頼関係を基本に、保護者一人一人の自己決定を尊重すること。
(6)　プライバシーの保護及び機密保持
　　　子どもの利益に反しない限りにおいて、保護者や子どものプライバシーの保護、秘密保持に留意すること。
(7)　地域関連機関等との連携・協力
　　　地域の資源を積極的に活用するとともに、子育て支援に関する地域の関係機関・団体との連携・協力を図る。

（「保育所保育指針」を基に筆者作成）

図表5　保育所における保護者に対する支援

(1) 子どもの保育と密接に関連した保護者支援
　　送迎時の対応、相談や助言、連絡や通信、会合や行事などのさまざまな機会を活用して支援すること。
(2) 保護者との相互理解
　　保育所での子どもの様子や日々の保育の意図を説明するなど、保護者との相互理解を深めるよう努力すること。
(3) 保護者の仕事と子育て両立支援
　　親のニーズに合わせた多様な保育を実施する場合には、保護者の状況に考慮するとともに、子どもの福祉が尊重されるよう努めること。
(4) 障害や発達上の課題が見られる子どもとその保護者に対する支援
　　市町村や関係機関との連携・協力を図り、保護者への個別支援に努めること。
(5) 保護者に対する個別支援
　　育児不安を持つ保護者に対しては、希望に応じて個別支援を行うよう努めること。
(6) 不適切な養育等が疑われる保護者へのの支援
　　保護者との接触を絶やさず、親子関係に配慮し、関係機関と連携して、子どもの最善の利益の観点から適切な対応を図ること。

（「保育所保育指針」を基に筆者作成）

2．保育所入所児の保護者への家庭支援

　保育所の家庭支援の基本は、日常保育における子どもと保育士の関係を基礎にして、子育て協働者として保護者との相互理解・相互協力を促進することである。子どもの発達に問題があり育児不安が高い保護者などに対しては、保育所の保育指導および専門機関との連携による個別指導の機会を設け、親子への個別対応と個別支援を実施する。

　仕事と子育ての両立に必要な時間延長保育、夜間保育、休日保育、病後児保育などの多様な保育ニーズに対しては、保護者の状況のみならず、子どもの心身の負担や最善の利益を考慮して適切に対応することが基本である。保育所だけで解決できない問題は、地域の社会資源との連携や協力、専門的支援の活用に努めることが求められている（図表5）。

3．保育所による地域の家庭支援

　児童福祉法第48条の3は、「保育所は当該保育所が主として利用される地域の住民に対してその行う保育に関し情報の提供を行い、並びにそ

図表6　保育所による地域の家庭支援

1　保育所は、地域の実情や当該保育所の体制等を踏まえ、次に掲げるような地域の保護者等に対する子育て支援を積極的に行うよう努めること。
　ア　地域の子育て拠点としての機能
　　（ア）子育て家庭への保育所機能の開放（施設及び設備の開放、体験保育等）
　　（イ）子育てに関する相談や援助の実施
　　（ウ）子育て家庭の交流の場の提供及び交流の促進
　　（エ）地域の子育て支援に関する情報の提供
　イ　一時保育
2　市町村の支援を得て、地域関係機関、団体等との積極的な連携及び協力を図り、子育て支援に関する地域の積極的な人材活用に努めること。
3　地域の要保護児への対応など地域の子どもをめぐる問題に対し、要保護児童対策地域協議会などの関係機関と連携・協力して取り組む努力をすること。

（「保育所保育指針」を基に筆者作成）

の行う保育に支障がない限りにおいて、乳児、幼児等の保育に関する相談に応じ、及び助言を行うよう努めなければならない」と定めている。保育に関する知識、技能、経験を持つ保育所は、地域の子育て支援諸活動と連携し、地域や保育所の特徴・特性を生かして相談や助言、地域との交流を図るなど、家庭支援の実施が求められている。

　保育所保育指針では、「地域の子育て拠点」である保育所は、地域住民への保育所の開放や保育体験の実施、子育て相談や援助、親子の交流促進の場づくり、子育て情報の提供などの支援活動とともに、保育所を利用していない家庭の子どもを一時的に預かる「一時保育」も実施する。さらに、地域の要保護児童や子どもをめぐる諸問題に対し、地域の子育て支援機関との連携と人材活用に努め、要保護児童対策地域協議会などの関係機関と連携して対応するとされている（図表6）。

4．子育て支援拠点事業による地域の家庭支援

　保育所による支援とは別に、「地域の子育て支援機能の充実を図り、子育ての不安等を緩和し、子どもの健やかな育ちを促進すること」を目的にした地域子育て支援事業がある。1995年に始まり、2002年に「つどいの広場事業」に再編、2008年以降は「地域子育て支援拠点事業」とし

て、3種類の支援拠点が5722か所（2011年）で実施されている。

地域子育て支援拠点事業には、以下の4事業がある。

(1) 子育て親子の交流の場の提供と交流の促進
(2) 子育て等に関する相談・援助の実施
(3) 地域の子育て関連情報の提供
(4) 子育ておよび子育てに関する講習等の実施

いつでも誰でも参加できる交流の場づくりと子育て情報の提供、個別相談や保育指導、子育てに関する講習などを行うなど、専門機関との連携による専門的支援である。地域拠点事業は、2012年に成立した「子ども・子育て支援法」によって、子育て関連事業の利用情報提供を行う「利用者支援」と、親子の育ちを支援する地域づくりを目指す「地域支援」が強化されている。

【引用・参考文献】

厚生労働省「地域子育て支援拠点事業の概要」2013年

財団法人こども未来財団『子育て中の母親の外出時等に関するアンケート調査結果』 2004年

汐見稔幸編『世界に学ぼう！子育て支援』フレーベル館、2003年

中野由美子「親の関係性の変貌と子育て支援の方向性」『家庭教育研究所紀要』第24号、2001年、pp.28-39、「乳幼児との接触体験が子育てに与える影響」『家庭教育研究所紀要』第27号、2005年、pp.40-49

畠中宗一編『育児・子育ての中の家族支援』（現代のエスプリ第479号）至文堂、2007年

原田正文『子育ての変貌と次世代育成支援』名古屋大学出版会、2006

ベネッセ次世代育成研究所『第4回幼児の生活アンケート報告書』2011年

ミネルヴァ書房編集部『保育所保育指針と幼稚園教育要領』ミネルヴァ書房、2008年

第3章

現代家族の人間関係と子育て

永田　彰子

第1節 子と親を取り巻く社会的状況の激変

　現代の子どもと親を取り巻く社会的状況の変化は激しい。ここでは社会的状況の変化として、核家族化、少子化、地域の子育て機能の衰退に着目して述べていくこととする。

1．核家族化

　国民生活基礎調査によると、世帯構造別世帯数の構成割合の年次推移として、「単独世帯」および「夫婦のみの世帯」が増加傾向にあることが示されている（図表1）。特に2000年代に入って以降、「夫婦のみの世帯」

図表1　世帯構造別に見た世帯数の構成割合の推移

①単独世帯　②夫婦のみの世帯　③夫婦と未婚の子のみの世帯
④ひとり親と未婚の子のみの世帯　⑤三世代世帯　⑥その他の世帯　⑦核家族世帯

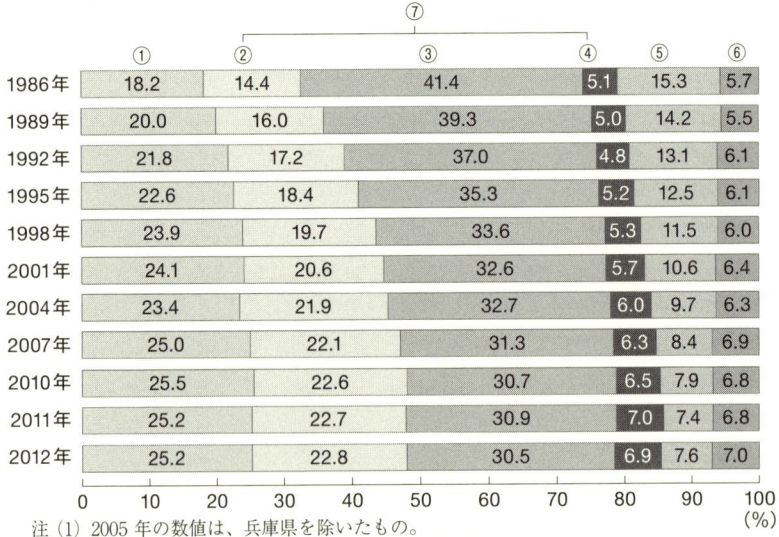

年	①	②	③	④	⑤	⑥
1986年	18.2	14.4	41.4	5.1	15.3	5.7
1989年	20.0	16.0	39.3	5.0	14.2	5.5
1992年	21.8	17.2	37.0	4.8	13.1	6.1
1995年	22.6	18.4	35.3	5.2	12.5	6.1
1998年	23.9	19.7	33.6	5.3	11.5	6.0
2001年	24.1	20.6	32.6	5.7	10.6	6.4
2004年	23.4	21.9	32.7	6.0	9.7	6.3
2007年	25.0	22.1	31.3	6.3	8.4	6.9
2010年	25.5	22.6	30.7	6.5	7.9	6.8
2011年	25.2	22.7	30.9	7.0	7.4	6.8
2012年	25.2	22.8	30.5	6.9	7.6	7.0

　注（1）2005年の数値は、兵庫県を除いたもの。
　　（2）2011年の数値は、岩手県、宮城県および福島県を除いたもの。
　　（3）2012年の数値は、福島県を除いたもの。

出典：「平成24年国民生活基礎調査」を基に作成

「夫婦と未婚の子のみの世帯」「ひとり親と未婚の子のみの世帯」などの核家族世帯の総数が増加している。また、核家族と呼ばれる世帯の中でも、「夫婦のみの世帯」や「ひとり親と未婚の子のみの世帯」が以前と比べると増加しているが、一方で「夫婦と未婚の子のみの世帯」が減少していることも注目すべき点である。つまり、「夫婦と未婚の子のみの世帯」が、核家族として以前は優勢であったが、「夫婦のみの世帯」や「ひとり親の未婚の子のみの世帯」が増加してきているという意味において、核家族化の進行は、家族形態の多様化をもたらしているのである。

2．少子化

わが国は1990年代から本格的な少子化社会を迎えている。「平成24年人口動態統計月報年計」（厚生労働省）によると、合計特殊出生率は1.41を記録している。合計特殊出生率とは、15歳から49歳までの女性の年齢

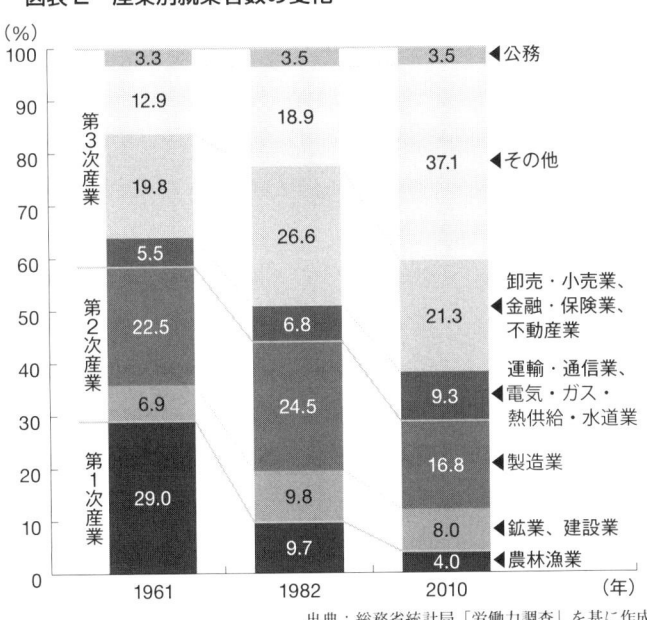

図表２　産業別就業者数の変化

出典：総務省統計局「労働力調査」を基に作成

別出生率を合計したものであり、一人の女性が一生の間に産む子どもの数に相当する。1989年、合計特殊出生率が1.57となり、いわゆる「1.57ショック」と言われ、これをきっかけに国が子育て支援対策を打ち出していくこととなったのである。

少子化の進行の背景には、ライフスタイルの多様化が影響していると考えられる。以前の日本においては、結婚適齢期を迎えた女性の生き方は、家事や育児に専念することが一般的であり、望ましいとさえ捉えられていた。ところが、戦後の高度経済成長期以降、家事労働の軽減、第3次産業の拡大(**図表2**)、さらには、自己実現を求める女性の意識改革が世界的に進む中で、女性の社会進出が進んだ。

その一方で、女性の社会進出は、人生設計において、結婚しないという人生の選択や、結婚しても子どもは産まないという選択など、ライフスタイルの多様化につながっていったのである。その結果、生まれてくる子どもの数に影響を与えることになった。つまり、非婚女性の増加や、既婚女性の出生数の低下により、一人の女性が生涯に産む子どもの数である合計特殊出生率の減少傾向をもたらしたのである。

3．地域の子育て機能の衰退

現在の社会的状況の変化が子育て家庭に与えた影響の一つは、地域の子育て機能の衰退、地域の人間関係の希薄化と関連している。**図表3**は、近所づきあいの程度に関する調査結果である。「親しくつきあっている」の割合は1975年の52.8％から1997年には42.3％に、「よく行き来している」割合は2000年の13.9％から2007年には10.7％に低下する一方、「あまりつきあっていない」や「つきあいはしていない」、「ほとんど行き来していない」が増加しており、地域の近隣の人間関係の希薄化が進んでいることが分かる。

以前の地域社会においては、子どもが育つ過程には、親はもちろんのこと、親以外の地域の年長者が関わる機会が多く存在していた。子ども

図表3　近所づきあいの程度の推移

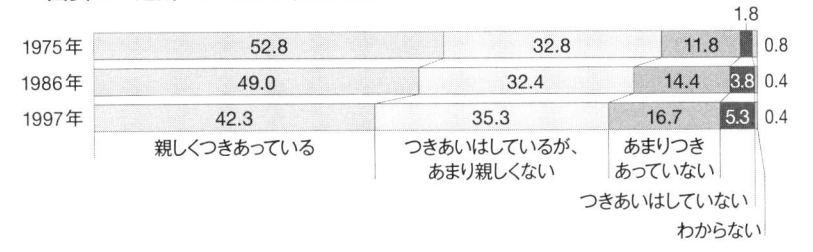

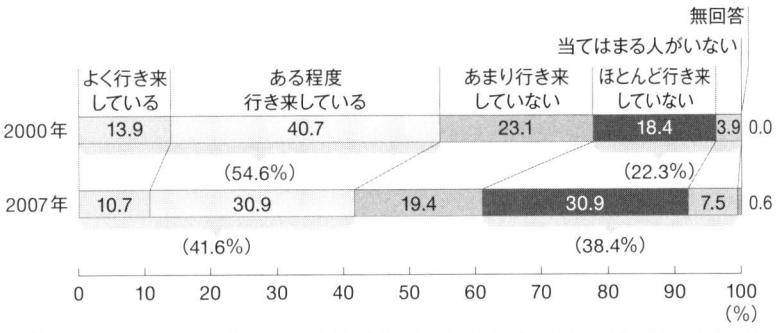

年	親しくつきあっている	つきあいはしているが、あまり親しくない	あまりつきあっていない	つきあいはしていない	わからない
1975年	52.8	32.8	11.8	1.8	0.8
1986年	49.0	32.4	14.4	3.8	0.4
1997年	42.3	35.3	16.7	5.3	0.4

年	よく行き来している	ある程度行き来している	あまり行き来していない	ほとんど行き来していない	当てはまる人がいない	無回答
2000年	13.9	40.7	23.1	18.4	3.9	0.0
	(54.6%)		(22.3%)			
2007年	10.7	30.9	19.4	30.9	7.5	0.6
	(41.6%)		(38.4%)			

（注）1　1975・86・97年は、内閣府「社会意識に関する世論調査」、2000・07年は「国民生活選好度調査」の特別集計による。
　　　2　1975・86・97年は「あなたは、地域でのつきあいをどの程度していらっしゃいますか。この中ではどうでしょうか」という問いに対し回答した人の割合。2000・07年は「あなたは現在、次に挙げる人たち（隣近所の人）とどのくらい行き来していますか（○はそれぞれ1つずつ）」という問いに対し回答した人の割合。
　　　3　回答者は、1975・86・97年は全国の20歳以上の者。2000年は、全国の20歳以上70歳未満の男女。2007年は、全国の20歳以上80歳未満の男女。

出典：内閣府「国民生活白書」2007年を基に作成

の成長には、親以外の多様な世代との関わりが、実は非常に重要である。地域の中での年長者との関わりは、核家族の家庭では経験しにくいさまざまな体験の保証にもつながる。つまり、伝承文化との触れ合いや、さまざまな考え方を知る機会にもなり、さらには、子育てする親にとって、子育ての密室化からの開放につながるのである。

　都市化が進み、地域の人間関係が希薄化した現代においては、地域の共同体機能が衰退し、さらには社会の中での学校の影響力が低下したことも影響して、子どもの教育の責任が家庭や親に集中してしまうという現象がある［広田、1999］。しかし、そもそも子育ては、家庭内のみで成

り立つものではない。子どもは親に育まれ、地域に育まれ、また子育てする親自身が地域に支えられて育ち、その一方で、子どもや親は地域の一員として地域に貢献する、そのような個人（家庭）と地域の互いの支え合いの中で子どもが育つことが望ましい。

第2節　家族関係の多様化と子育て環境の変容

　ここでは、家族関係の多様化による子育て環境の変容に関して、きょうだい関係の減少、父子・母子家庭等ひとり親家庭の増加、祖父母との関係を持つ機会の減少などに着目して考えていきたい。

1．きょうだい関係の減少

　夫婦の出生力に関する報告では、1940年の4.27人から1972年は2.20人まで大きく低下し、2010年には1.96人で、きょうだい数は減少の一途をたどっている［国立社会保障・人口問題研究所、2010］。さらに年次推移として、子どもを産まなかった夫婦、および子ども1人（一人っ子）の夫婦が増え続けていることも報告されている。

　子どもにとって親は、しつけを通して親自身の価値観を示し、教える権威を持つ存在であるという意味で、親子はタテの関係と言われている。人生の最も重要な時期を共有するきょうだいは、親と比較すると、年齢が近い最も身近な他者、身近な行動モデルである。きょうだい関係は、兄・姉・妹・弟といった上下関係が反映されたタテの関係の側面を持ち、また、ときには年齢の上下を意識せず遊んだりけんかしたり、ライバルであったりする、いわば、園や学校の友達とのヨコの関係の側面も併せ持つ。このような異質な2つの関係を持ち合わせた関係を依田明は「ナナメの関係」と呼んだ。そして、きょうだいどうしの年齢差や性差など

によって、ナナメの関係の中でのタテ、ヨコの関係の割合が変化するという。例えば、年齢差の大きいきょうだいではタテの関係の割合が増し、上の子が下の子にとって身近な社会的モデルとなったり、上の子が下の子の世話の役割を担うといった特徴が強化されるのである［依田、1990］。

　子どもは幼少期にきょうだい関係を通して、大人との関係とは異なる子どもどうしのつきあい方を学ぶ。その経験は対人的スキルの芽生えであり、その後の社会生活での友達関係を形成する基礎的経験となる。近年の深刻なきょうだい数の減少状況は、家庭外の集団生活に入るうえで、子どもの社会性の育ちに影響を与えることが考えられる。

2．ひとり親家庭の増加

　近年は、父子家庭、母子家庭のことを「ひとり親家庭」と呼ぶようになってきている。離婚率は従来、増加傾向にあったが、2003年からおおむね減少傾向にあり、母子世帯数は123.8万世帯、父子世帯数は22.3万世帯である［厚生労働省、2012 (1)］。しかし一方で、第1節で述べたように、核家族全体に占める「ひとり親と未婚の子のみの世帯」の割合が、2000年代に入り増加している点は楽観視できないだろう。

3．祖父母との関係の減少

　近年、子どもが祖父母と同居する家庭は減少している。前掲図表1によると、親、夫婦、子どもという典型的な三世代世帯の比率は、過去20年間で急激に減少している。これは、孫世代を含む若年者と高齢者が家庭内で日常的に接する機会が減少していることを示している。

　子どもにとって祖父母の存在は、親とは異なる意味を持つ。親は養育責任を持つが、祖父母は孫を無条件に受け入れることができ、掛け値なしの優しさで接してくれることで、子どもはどれほど救われているだろうか。

　三世代家族の中で育つ子どもは、親・祖父母との関わりの中で、質が

異なる人間関係を体験している。世代の異なる大人との共同生活が、社会での人間関係の基本を身につけさせるが、現代の核家族おいては、異世代交流体験が保証されなくなってきている。

第3節 個人化する家族関係と子育て

1．個人化する家族関係

戦後の高度経済成長の中で培われた性役割分業意識が一般化した家庭においては、母親が育児に専念し、父親不在という状況が生まれた。父親不在の家庭では、父子の接触機会の減少とともに、家庭から規範への

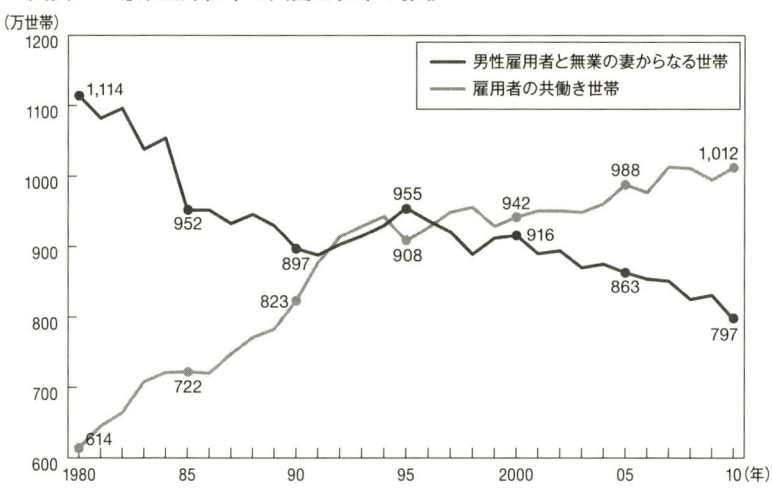

図表4 専業主婦世帯と共働き世帯の推移

（注）1 1980～2001年は、総務省「労働力調査特別調査」（各年2月。ただし1980～1982年は各年3月）、2002年以降は「労働力調査（詳細集計）」（年平均）より作成。
2 「男性雇用者と無業の妻からなる世帯」とは、夫が非農林業雇用者で、妻が非就業者（非労働力人口および完全失業者）の世帯。
3 「雇用者の共働き世帯」とは、夫婦ともに非農林業雇用者の世帯。
資料：内閣府「平成23年版男女共同参画白書」
出典：厚生労働省編『厚生労働白書〔平成23年版〕』2011年を基に作成

服従や心身の自立を要求する権威の喪失が起こり、その一方で、母子関係の密着化や母子一体化を強化することにつながった［中村、2011］。

　一方、近年では父親不在と同様、母親不在の問題も生じるようになってきている。雇用者の共働き世帯の推移を見ると（**図表4**）、1990年を境に、「共働き世帯」の数が「男性雇用者と無業の妻から成る世帯」の数を逆転し、それ以降、安定して増加している。かつての共働き世帯は、母親が家計補助を目的に就業する場合が多かったが、今日では自己実現を目的とした母親の就業が増加している。

　共働き世帯においては、家族成員は各自の生活領域を持ちつつ共同生活を営むことになる。高学歴化し、相応の所得を得る女性の出現や、既婚・未婚を問わず女性の就労が一般的な現代家族においては、家族との共同性よりも自分自身の関心や自己実現を優先させてしまうといった、行き過ぎた個人化も起きやすくなっている。

　近年はひとり親世帯が増加していることは先述したが、ひとり親世帯になった理由では、母子世帯の80.8％、父子世帯の74.3％で離婚が挙げられている［厚生労働省、2012（2）］。離婚問題についても、その原因の一つに家族の個人化の問題が潜んでいることも考えられる。離婚を選択するか否かは個人の自由意志であるが、その後の自分自身や子どもの人生を考えるとき、離婚が新たな人生の出発点となり、成長のために必要な選択である場合もある。しかし一方で、夫婦が互いの人格に積極的に関与しようとしない、つまり人格的に未熟な大人どうしの自由意志は、家族の個人化を必要以上に加速させ、子育てや子どもの育ちになんらかの影響を与えていくことが考えられる。

2．人間関係の葛藤が最大のストレッサー

　親は、わが子の生命の誕生により生物学的親にはなるが、実際には、日々の生活の中で親としての役割を果たしながら少しずつ親として育っていくものである。しかし、これまで述べてきたように、核家族化、少

子化の進行、地域社会のつながりの希薄化により、家庭や地域で、親が真の意味で親になっていくその過程を直接的・間接的に支える場や機会が失われてしまった。このことは、親が子育てのための知識や技能を身につける機会の減少につながり、結果として、多くの親が日々の育児に不安を感じるという状況が生まれたのである。

育児不安は、自分自身の育児能力に対する不安となり、結果的に自分が自分であるという自己肯定感の低下につながりやすい。育児そのものに大きな負担を感じ、自分の生き方を束縛する子育てに不満と無力感を募らせるケースも多い。大きな社会問題となっている児童虐待の背景には、こうした育児不安があると言われている［中村、2011］。

育児不安の要因について、吉田弘道は、①母親の特徴、②子どもの特徴、③家族関係・夫婦関係、④社会的サポート、の4つを挙げている［吉田、2012］。各要因の具体的内容は、①では年齢や職業の有無、性役割分業意識、生活の充実感、自己注目傾向等であり、②では気質の難しさ、子どもの数、③では核家族・複合家族、夫婦の会話、④では友人、社会的サポート、近所づきあい・家族以外の人との会話等である。これらの要因が育児不安を感じるか否かに影響するのであるが、いずれか一つ該当するものがあれば育児不安を感じるというものではなく、実際には複数要因の相互関係の中で育児不安は発生するものであるとされている。

ボルガーらは、人間関係の葛藤が最も人を困惑させるストレッサーであると述べている［Bolger, et al., 1989］。日常的にストレスを感じることにより、無意識に感情のはけ口は立場の弱い者に向けられる。子育て中の親の場合、ストレスによるネガティブな感情のはけ口がわが子に向いてしまい、ときには虐待的な養育行動に陥らせていることも考えられる［浦山・金川・大木、2009］。

【引用・参考文献】

浦山晶美・金川克子・大木秀一「母親の身近な人間関係におけるストレス感と不適切な養育行動の関連性について」『石川看護雑誌』6、2009年、pp.11-17

厚生労働省「平成23年度母子家庭等対策の実施状況」2012年（1）

厚生労働省「平成23年度全国母子世帯等調査」2012年（2）

国立社会保障・人口問題研究所 「第14回出生動向基本調査」2010年

中村真弓「家族集団と子どもの社会化」住田正樹・高島秀樹編著『子どもの発達社会学――教育社会学入門』北樹出版、2011年、pp.18 - 33

広田照幸『日本人のしつけは衰退したか――「教育する家族」のゆくえ』講談社、1999年

依田明『きょうだいの研究』（現代心理学ブックス）大日本図書、1990年

吉田弘道「育児不安研究の現状と課題」『専修人間科学論集〔心理学篇〕』2-1、2012年、pp.1-8.

Bolger, N. et al., "Effects of daily stress on negative mood", *Journal of Personality and Social Psychology*, 57, 1989, pp. 808-818

第4章

地域社会の変容と家庭支援の必要性

木下　孝一
水流　寛二
伊藤　博美

第1節 地域社会の変容と子育て環境

1. 現在の子育て事情と子育て不安の増大

　約50年前までは、祖父母や地域の人たちが子育ての応援団で、日々の生活の中で子育ての方法や知恵を受け継ぐ子育て文化が身近にあり、生活の中で自然に次世代の子育て準備ができていた。生活スタイルが変化し、核家族化が進んだ近年では、祖父母からの子育ての協力が得られないことや、地域社会の「子育て力」（子育てに関われる人や時間）の低下が見られるようになった。地域ぐるみで子育てを支援し、子どもの育ちを見守るといった連帯意識も希薄になり、現在の子育て家庭は孤立していると言える。子育てに見通しが持てず、不安や悩みを母親が一人で抱え込んでしまう傾向にある。

　情報社会においては、「育児本」や「インターネット」における情報に振り回されることも少なくない。ネットを通して、情報は簡単に手に入れることができる。しかし、手探りの子育てでは、情報が全て正しいと受け止め、その基準からわが子が外れることがあると「うちの子はおかしい」「母親として失格」であるかのように落ち込んでしまう。「人と違う」ということが、子育て不安を増加させるケースもある。

2. 子育てをめぐる地域社会の変容と取り組み

　子育ては本来、家庭で行われることを前提とされてきた。しかし、社会の変化やライフスタイルの変化によって家庭の教育力の低下が指摘され、子育て環境を地域社会全体で考える時代となってきた。そのための窓口も年々広がってきている。地域の社会的資源である保育所・幼稚園・認定こども園は、子育て支援の拠点としての機能を発揮するため、各市

町村において具体的に事業を展開している。

　例えば、子育てに関する不安や悩みは、市町村の子育て支援課などの窓口で相談することができるし、子どもの発達や心身の健康については療育センターや保健センターで相談することができる。また、幼稚園や保育所に通っていない子どもの家庭を対象とした地域子育て支援拠点事業や、児童館・保育所でも地域の子育て家庭の支援活動や相談を行っている。

　今後の課題としては、各家庭によって子育てに関する不安や問題が多様化している中、多種多様な情報を整理し、それぞれの家庭が必要なサービスを選べること、そして各組織や機関がそれぞれの機能を発揮し、連携して支援していくことが求められている。

第2節　在宅子育て家庭への支援

　育児相談をはじめ、子育て家庭の居場所づくりなど、保護者の負担の軽減や、安心して子育てができる環境整備のための施策など、総合的な子ども・子育て支援を推進する地域の家庭支援の現状を紹介する。

1. 誰でも気軽に参加できる「子育て広場」

(1) 地域子育て支援拠点事業の意義と目的

　3歳未満児（0～2歳児）の8割（育児休業も含む）が、在宅で子育てをしている。母子がいっしょにいる時間が長い3歳児未満の母親が、最も不安や悩みを持つ。現在の子育ては母親が主体で、父親の子育て参加の割合が非常に低く、母親に大きな負担となっている。

　このような問題に対して、行政は地域における子育て支援の充実を図るために、子育て中の親子が気軽に集まることのできる場所を地域に設け、地域の子育て支援拠点とする事業を推進してきた。

2002年には、子育て家庭の保護者への子育ての負担感の緩和を図り、安心して子育てができる環境整備と地域の子育て支援機能の充実を図るという目的で、誰でも気軽に親子で参加できる「つどいの広場」が各市町村に誕生した。実施場所は、子育て親子が集うために適切な場所で、公共施設内のフリースペースや公民館、商店街の空き店舗、学校の余裕教室などで行われている。この事業の多くは、市民活動に委託され、地域の活性化にもつながっている。

　しかし、"場所"さえ提供すればよいというものでもない。核家族化により子育てが孤立し、子育ての不安や負担を感じる保護者の悩みや、生活スタイルの変化から、子どもどうしの関わりや地域の大人との関わりが減少している状況の中で、悩みに応じた活動内容を実施したり、職員の配置を整備するなど、事業の更なる拡充を図ることが求められている。

(2) 地域子育て支援拠点事業の役割と機能

　現在、地域の子育て支援拠点は、全国で6233カ所 (2013年) に広がっており、身近な地域で、誰でも気軽に利用できる子育て家庭の居場所としての役割を担っている。そして、子育て家庭へのきめ細かな支援を行い、多様な子育て支援活動を実施し、関係機関とのネットワーク作りを図っている。

　2013年度より地域子育て支援事業は、従来の「ひろば型」と「センター型」が「一般型」に、「児童館型」が「連携型」にそれぞれ再編されるとともに、新たに「地域機能強化型」が創設され、その機能の充実強化が図られた。特に「地域機能強化型」は、子ども・子育て新制度の施行を見据えて、2015年からは基本事業に加えて「利用者支援」と「地域支援」を実施することとなっている。共通する基本事業の内容としては、①交流の場の提供・交流促進、②子育てに関する相談・援助、③地域の子育て関連情報の提供、④子育て・子育て支援に関する講習等、の4点が挙げられる。それぞれの事業の特徴は次のとおりである。

①一般型

　常設のつどいの広場を開設し、地域の子育て支援機能の充実を図る取り組みを実施する機能を持つ事業である。打ち解けた雰囲気の中で語り合い、相互の交流を図る場とすることを目的としている。実施場所は、保育所、公共施設の空きスペース、商店街の空き店舗、民家、マンション・アパートの一室等を活用している。一時預かり事業や放課後児童クラブなど多様な子育て支援活動をひろばと一体的に実施する出張ひろばを開設するなど、関係機関とネットワーク化を図ることで、地域の子育て力を高めるような取り組みも実施されている。全国で2266カ所（2013年）。

②連携型

　児童福祉施設等多様な子育て支援に関する施設に、一定時間、親子が集う場を設け、地域の子育て支援のための取り組みを実施する機能を持つ事業である。子育て支援に関して意欲があり、子育てに関する知識・経験を持つ者に児童福祉施設等の職員が協力して実施する。地域の子育て力を高める取り組みとして、拠点施設における中・高生や大学生等のボランティアの日常的な受け入れや養成も行う。全国で508カ所(2013年)。

③地域機能強化型

　子育て交流・相談などによって得られた子育て親子とのつながりや相談援助の取り組みを基に、子ども子育て新制度の円滑な施行への準備ならびに地域の子育て力低下に対応し「子育て・親育て」の両面を充実させるために新設された事業である。地域機能強化型には「利用者支援機能」と「地域支援機能」の2つがある。利用者支援は、新制度の事業の中から利用者が適切な選択を行えるように情報の集約・提供を行い、利用の相談や支援を行う事業である。地域支援機能は、地域の多様な世代や地域の団体との連携によって、親子の育ちを継続的に支援するための地域の基盤作りの事業である。高齢者・地域学生等との世代間交流、地域ボランティア、町内会、子育てサークルなどとの協働、地域の子育て

資源の発掘や育成を通して、地域の親子の育ちを支援する体制作りを目指している。全国で694カ所（2013年）。

2. 子育て家庭でいちばんニーズの高い「一時保育」

　一時保育は、保育が一時的に困難になった乳児および幼児を、一時的に保育所およびその他の施設で預かる事業のことである。現代の母親は、子育て中も外出したい、自分の時間を持ちたいという欲求が強く、各市町村の子育てニーズ調査や児童育成計画において「一時保育」のニーズがいちばん高い。傷病・災害・入院・事故・出産、その他やむを得ない事情で、緊急または一時的に子どもを保育することができない家庭や、育児疲れの解消やリフレッシュのために利用したい家庭に向けて、一時保育の事業が展開されている。

3. ちょっとした悩みやさまざまなニーズに応える「子育て相談」

　地域の子育て力の機能が薄れていく中で、相談相手がいないような孤立した子育ての現状が、悩みや不安の解決を困難にしている。どこの誰に相談してよいのか分からないまま、不安の積み重なりが、心を痛めるような状況を引き起こすことも少なくない。

　例えば、①「食べてくれない」「おむつがはずれない」など、子育てに見通しが持てないいらだち、②「子どもが泣きやまない」「言うことを聞いてくれない」など、自分が虐待するのではないかという不安、③「歩く時期が遅い」「言葉を発するのが遅い」「落ち着きがない」などの発達に関する心配、などがあり、それらの悩みを解消できずに虐待に至る悲しいケースもある。

　日常の子育てに関する疑問や悩みについて相談に応じる場として、地域の子育て支援拠点である保育所・幼稚園・認定こども園で相談事業が展開されている。気軽に相談できることが可能で、高い専門性が必要であると判断した場合や相談者の希望があれば、電話相談や専門的な相談

機関につなぐなど、さまざまな相談に対応できる機能を持っている。また、専門家を招いての講座や相談会も実施されている。

4．子育て家庭が欲しい情報とは

　子育てに関するさまざまな情報があふれる今日、それぞれの家庭に必要とされる情報を提供することが求められている。親どうしの情報交換や安心して子育てに利用できるような支援関連情報の入手方法、および子育て支援者（NPO・子育て関係ボランティアなど）との連携方法などの情報提供が考えられる。子育て支援者との連携を図り、さまざまな子育て支援に関する情報の展開と情報の発信・収集が必要とされている。

　例えば、①子育てママの友達探しや、地域のどこにどんな公園があるのか、親子で安心して遊べる場所はどこにあるのかなど、自分たちに必要な情報を自分たちの手で集める、②子育て中の保護者サークルで、「子育てマップ」「公園マップ」「親子であそぼう情報」などを作成する、③さまざまなサークルができ、その後、市町村ごとに子育てサークルネットを立ち上げ、行政がバックアップするという動きも盛んになってきた。

第3節　地域ネットワークによる家庭支援

1．「ちょっとお願い」を助けるファミリー・サポート・センター事業

（1）事業の目的

　ファミリー・サポート・センター事業は、乳幼児や小学生などの児童を持つ子育て中の人を会員として、児童の預かりなどの援助を受けることを希望する人と、援助を行うことを希望する人との相互活動に関する連絡・調整を行うものである。子育てをしている人が安心して労働および社会参加ができる環境作りを整えるとともに、既存の保育サービスで

は対応しきれないニーズに応えるべく、地域における市民相互の子育て支援を通じて地域コミュニティの活性化をも目指している（児童福祉法第21条の9第1項、児童福祉法施行規則第19条第8項）。

　この事業は、2005年度からは次世代育成支援対策交付金（ソフト交付金）、2011年度からは「子育て支援交付金」の対象事業とされていたが、2012年度補正予算により「安心こども基金」へ移行されている。

(2) 事業の実施主体

　ファミリー・サポート・センター事業の実施主体は市町村が担っているが、場合によっては、社会福祉法人や特定非営利活動法人等、市町村が認めた団体に委託し運営されている。

(3) 事業の内容

①会員の募集、登録その他の会員組織業務
②会員どうしの相互援助の調整など
③会員に対して活動に必要な知識を提供する講習会の開催
④会員どうしの交流と情報交換のための交流会の開催
⑤保育所や医療機関など子育て支援関連施設・事業との連絡調整

(4) 事業の課題

　この事業の特質は、会員制であるということである。つまり、地域によっては、紹介してもらえる会員がいないなど、利用頻度に差が生まれることがある。また、急な依頼や病児・病後児への対応ができないことも大きな課題である。さらに、利用料の免除がなく、長時間の利用は高額になってしまうことも挙げられる。

2．互いの思いに寄り添う子育てサークル

(1) 子育てサークルの目的と内容

　子育てサークルとは、それぞれの地域を拠点に、子育て中の親が中心に多様な活動を通して、子どもの健やかな育ちを促進し、親の子育てに対する不安感や孤独感を緩和することを目的としている。活動の内容はサークルによって異なるが、子育てに関する相談や体験の情報交換、絵本の読み聞かせ、妊娠中の親の仲間づくり活動などがある。活動の参加者としては、子育て中の当事者、ボランティア、地域の関係機関の職員、社会福祉協議会の職員などが挙げられる。

(2) 子育てサークルの現状

　子育てサークルは、特に国や行政が規定するものではない。任意で集まった親グループが、緩やかな情報交換を行っているのが実情である。産科でたまたま出産時期が重なったところから仲よくなり、サークルに発展するケースもあれば、保健センターや子育て支援センターが企画する親子プログラムに参加したことをきっかけにグループ化するケースもある。共働きの場合、保育所に預けることで子育てに関する悩みごと等を直接専門家に相談できる機会が確保されているが、専業で子育てをする親にとって、幼稚園入園までの時期までは全て丸抱えの子育てとなり、精神的孤立感も大きい。その不安解消のためには、同じ悩みを持つ親どうしの関わりが子育ての大きな支えとなっている。

　しかし一方、親が人間関係を築くことに苦手意識を感じ、サークルに入ることに対して不安を感じる場合もある。また、親どうしのつながりが深いサークルでは、その中に新しく入ることをちゅうちょする親もいる、といった課題もある。

3. いざというとき頼りになる地域社会資源

　地域社会資源とは、ハード面にとどまらず、制度などのソフト面や人材も含め、地域社会との接点に関わるさまざまな要素と捉えることができる。社会資源から得られる情報は、子育て世代にとっては砂漠のオアシスにもなりうる。しかし、昨今の情報化社会において、メディアやインターネットからの情報は手軽に情報収集ができる反面、軽薄な情報の上澄みのつなぎ合わせが、かえって余計な混乱を来すこととなる。うわべの情報に惑わされず、専門機関における専門職との接点が構築されるよう、地域社会資源のネットワーク化と子育て世代への情報発信も重要な課題である。

(1) 地域子育て支援センター

　2000年の厚生労働省の通知により、特別保育事業実施の中で、地域子育て支援センターが位置づけられた。地域子育て支援センターは、子育て家庭の支援活動における企画・調整・実施を担当する職員を配置し、子育て家庭等に対する育児不安等についての相談指導、子育てサークル等への支援、地域の保育需要に応じた特別保育事業等の積極的な実施・普及およびベビーシッターなどの地域の保育資源の情報提供等、並びに家庭的保育への支援などを実施することにより、地域の子育て家庭への育児支援を行うことを目的としている。事業の実施については、市町村長が事業を実施する保育所等を指定して実施することとされており、保育所のほか、母子生活支援施設や乳児院等の児童福祉施設などを指定することができる。

(2) 市町村保健センター

　市町村保健センターは住民に対し、健康相談、保健指導および健康診査その他地域保健に関し必要な事業を行う施設である（地域保健法第18

条)。両親への勉強会の実施や各種相談に応じ、サークル支援を行っているセンターもある。

(3) 公民館

公民館は、市町村その他一定区域内の住民のために、実際生活に即する教育・学術・文化に関する各種の事業を行い、もって住民の教養の向上、健康の増進、情操の純化を図り、生活文化の振興、社会福祉の増進に寄与することを目的として設置されている（社会教育法第20条）。主として、場の提供、学習機会の提供、地域づくりや文化創造等への住民参加の促進を行っている。近年は、高齢世代の文化サークルによる活動が中心となっているところも多く見受けられるようになってきた。また、NPOや子育て支援団体が親子遊びプログラムを企画運営する中で、参加者が自主サークルを作り定期的に活動を実施している地域もある。

(4) 公立図書館

公立図書館は、図書や記録その他必要な資料を収集し、整理し、保存して、一般公衆の利用に供し、その教養、調査研究、レクリエーション等に資することを目的とする施設である（図書館法第2条）。図書館においては、郷土資料、地方行政資料、美術品、レコードおよびフィルムの収集にも十分留意して、図書、記録、視聴覚教育の資料その他必要な資料を収集し、市民の利用に供することはもちろんのこと、読書会、研究会、鑑賞会、映写会、資料展示会等を主催し、これらの開催を奨励している。また、社会教育における学習の機会を利用して行った学習の成果を活用して行う教育活動等の機会なども提供している。子育て世代に対しては、絵本の読み聞かせ会などを行い、子どもが本に親しむ環境づくりの場となっている。

(5) 児童館

　18歳未満の全ての子どもを対象とし、遊びおよび生活の援助と地域における子育て支援を行い、子どもを心身ともに健やかに育成することを目的とする、と児童館ガイドラインは示している。その役割と機能としては、①発達の増進、②日常生活の支援、③問題発生予防・早期発見、④子育て家庭への支援、⑤地域組織活動の育成、が掲げられている［日本子どもを守る会、2012］。

【参考文献】
日本子どもを守る会編『子ども白書2012』草土文化、2012年

第5章

男女が共同で働き子育てする社会

星野 智子

第1節 母親に偏っている子育て役割

1．母親責任の重い日本の子育て

　日本では特に、母親が家庭内の責任者であり、育児の主体者である。小さな出来事で"イライラ"し、街中でも母親が子どもを感情的に怒っている光景に出くわすことも珍しくない。女性の悩みやストレスの原因として、育児（30歳代）や子どもの教育（30歳代・40歳代）が多く挙げられている［厚生労働省、2011］。

　子育て期の育児時間について見ると、6歳未満の子どもを持つ夫の育児時間は1日平均37分しかなく、欧米諸国と比較して半分程度となっている。また、育児時間を含めた家事関連時間は、1日平均1時間6分で、欧米諸国と比べて3分の1程度であるなど、男性の育児参加が進んでいないことが分かる。一方、6歳未満の子どもを持つ妻の育児時間は1日平均3時間15分で、家事関連時間は7時間31分と長い［総務省、2012］。

　共働き世帯でも、男性の家事時間と女性の家事時間との差は大きく、子どもの誕生・成長に伴って生活が変化しても、男性の場合は家事の平均時間や仕事の平均時間はあまり変化しない。他の国と比較しても、日本の女性は家事・育児役割にかなりの時間を割き、男性は極端に短い。

　しかし、日本の男性が"さぼっている"のではない。「女性は家事育児・男性は仕事」という性別役割分業の価値観がまだ根強くあり、男性の仕事時間は他国に比べるとかなり長い。例えば、子育て期の30歳代男性は、約5人に1人が週60時間以上の就業となっており、他の年代に比べ最も高い水準となっている［内閣府、2013］。仕事に多くの時間を費やしており、保育所へのお迎えや保育所・学童保育から帰宅した子どもの世話などはあまりできない。

2．3歳児神話・母性神話

　1960～70年代には、3歳児神話・母性神話が広がり、母親が家庭で子育てをすることが望ましいとされた。

　3歳児神話とは、「子どもは3歳までは、母親が家庭で育てるべきである。そうしないと子どもに悪影響が出る」というものである。この背景には、イギリスの精神医学者ボウルビィ（J. Bowlby, 1907～1990）の母性剥奪理論がある。ボウルビィは、戦争で孤児になった子どもたちの調査から、母親との親密で持続的な接触の欠如が、乳幼児の心身の発達に悪影響を与え、成長後も非行や神経症の原因になると論じた。しかし、これは戦後の劣悪な施設環境での調査に基づいた理論であり、後に同じ施設を調査したオランダの精神医学者ヴァン・デン・ベルク（J. H. van den Berg, 1914～）は、きちんと愛情を注ぎ母性的配慮を子どもたちに与えれば、家庭で育った子どもたちと施設で育った子どもたちの非行や神経症になる確率は大差がないという説を唱えた。

　ちなみに、「厚生白書」（平成10年版）では、3歳児神話には少なくとも合理的な根拠は認められないとして、次のようにまとめている。「母親が育児に専念することは歴史的に見て普遍的なものでもないし、たいていの育児は父親（男性）によっても遂行可能である。また、母親と子どもの過度の密着はむしろ弊害を生んでいるとの指摘も強い。欧米の研究でも、母子関係のみの強調は見直され、父親やその他の育児者などの役割にも目が向けられている」[厚生省、1998]。

　また母性神話とは、「女性には先天的に母性が備わっている」「子どもを産めば、自然と母性が湧いてきて子どもの世話をしたくなる」という信念である。しかし、"自然"に母性が湧いてくるならば、乳幼児への虐待などは起こりえない。核家族化（小家族化）・都市化している社会では、母親を社会が支援して「子育てを含めて女性が自己実現できる状況」を作ることによって、個々人の母性を発達させていくことができる。

1970年代には「育児ノイローゼ」という言葉が、1979年には、子どもの問題行動の原因はほとんど母親によるものであるという書籍『母原病』が注目された。子どもの問題行動が母親の責任であるという風潮の中で、子どものために労働をやめて家庭に入るべきだとされ、本来楽しい営みでもあるはずの育児が母親の生活全てを子どもにささげるつらい子育てとなっていった。

　このように真実とは異なり、"神話"や思い込み・社会的期待などが独り歩きし、育児は母親の責任という風潮が根づいていった。「子育て」が母親一人に押しつけられるのではなく、パートナーとともに子育ての主体者になり、社会的支援を受け、子育てを楽しめる親になることが望ましい。父親も子育て参加によって、子どもとの信頼関係を築き、子どもの成長に影響を与え、父親自身が成長する機会を得るべきである。子育て世帯の役割分担を見直し、社会で支援することは、母親の悩みを解消するだけではなく、少子化にも歯止めをかかるだろうと期待される。

　2012年度の合計特殊出生率は1.41で、前年より若干上昇したが、出生率が将来上昇する見通しはない。少子化を止めるために社会が取り組むべきことは、①女性が労働しながら子育てでき、父親も積極的に育児参加ができるような育児休業法の改正、②男女労働者の労働と育児の両立を支援する企業の意識改革、③安心・安定して子どもを預けられる保育所の供給、④自治体や地域コミュニティ・保育所による子育て支援のさらなる充実、を挙げることができる。

第2節　共働き家庭の増加と保育施設の現状

1．共働き家庭増加の現状

　1992年に共働き世帯数が専業主婦世帯数を抜き、現在ではかなり上

回っている。性別役割分業意識も少しずつではあるが変化し、3歳児神話・母性神話も否定されつつある。女性の労働力率の上昇は、高学歴化によるキャリアアップや仕事での自己実現意識の高まりとともに、不況による家計支援の必要性も出てきたことが要因になっている。

　女性の年齢と労働力を示す数値は、日本では学校卒業後70％近くが職に就くが、20歳代後半からの結婚・妊娠・出産・子育て期に落ち込む。子育てが一段落した40歳代前半にパートなどで働き出す女性が多く、再び上昇していき、年を重ねて退職するという、いわゆるM字型曲線を描く。近年では、M字型のくぼみは減少し、かなり諸外国に近づいてきた。しかし、2013年現在でも他の欧米諸国のように山型にならず、まだM字型曲線を描く要因は、根強く残る3歳児神話・性別役割分業の価値観、労働と子育てが両立しない職場環境、保育所不足などが挙げられる。

2．保育施設の不足と量的拡大の推移

　核家族（小家族）が主流の今、母親は子どもを保育所に預けなければ仕事復帰ができない。育児休暇を終えると認可保育所へ、入所できなければ無認可保育所や家庭的保育（保育ママ）に預けることとなる。

　ここで、認可保育所と無認可保育所の違いを簡単に見ておこう［全国保育団体連絡会・保育研究所、2012］。

　認可保育所の保育士配置基準は、乳児3人につき保育士1人、満1歳以上3歳未満児6人につき1人、満3歳以上4歳未満児20人につき1人、満4歳以上児30人につき1人である。居室面積基準は、満2歳に満たない乳幼児1人につき1.65㎡以上、ほふく室3.3㎡以上、満2歳以上の幼児1人につき1.98㎡以上である。保育のスタッフは原則、全員が保育士などの有資格者で、保育料は保護者の所得に応じて設定される。対象児は0〜5歳。認可保育所における保育時間は、1日につき8時間が原則であるが、労働実態に合わないために11時間以上の延長保育が進められてきた。2010年では、11時間を超える延長保育を実施しているところが

70%を超えたが、11時間未満も30%と少なくない。例えば、開所時間の長い保育所を希望しても、第1希望に入所できない場合もある。とりあえず別の所に入所している場合は、待機児童にカウントされておらず、利用児童に含まれている。

　無認可保育所は、乳幼児1人当たり1.65㎡や2.5㎡の施設が多く、保育スタッフは6割程度が有資格者である。保育料は施設が保護者の所得に関係なく設定し、対象児は0～2歳に限定するところが多い。有資格者の数や居室状況などから、事故や死亡事例も認可保育所よりもかなり多いために、都道府県などが安全性の立ち入り調査を行ってきた。2010年に調査を受けた施設の約半数が、認可外保育施設に適用される「指導監督基準」に適合しなかった。また、無認可保育所の開所時間は長いが利用料も高く、給与の多くが保育料となり、「何のために働くのか」という意識につながる。一般的に、フルタイムで働く親が認可外保育所を利用すると、認可保育所利用の2倍程度の保育料を支払うこととなる。

　家庭的保育（保育ママ）は、自治体によって呼称は異なるが、2001年以降は国による家庭的保育事業の呼称が用いられている。2010年より規制緩和され、無資格者であっても、一定の研修を受けることによって資

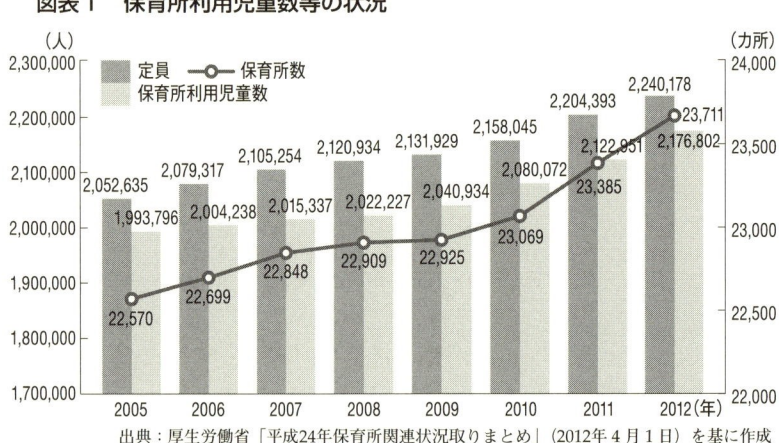

図表1　保育所利用児童数等の状況

出典：厚生労働省「平成24年保育所関連状況取りまとめ」（2012年4月1日）を基に作成

格要件を満たせるようになった。

省令に基づく地方条例で、施設の面積や保育士の配置などの基準が定められていて、保育料が安い認可保育所に人気が集まり、待機児童が増え続けてきた。この状況に対して、これまで自治体は、基準が緩い認可外保育施設の活用で需要を賄おうとしてきた。しかし、2013年4月から認可保育所に子どもを預けられない都市部の母親たちが、自治体に対し、行政不服審査法に基づく異議申し立てをするケースが起こった。例えば、異議申し立てが行われたのは、東京都大田区、杉並区、足立区、渋谷区などである。

3．待機児童の増加と待機児対策の現状

保育所待機児童は、2012年も2万5000人程度いる。この数年、常に同様数の待機児童がいることがグラフから読み取れる。

2013年、政府は、成長戦略として「5年間で待機児童ゼロ」や「育児休業を1年から3年に延長」することを支援するとした。それに対し規制改革会議では、保育分野の検討事項として、①自治体が認可保育所への株式会社の参入を抑制しないように政府がガイドラインを作る、②待

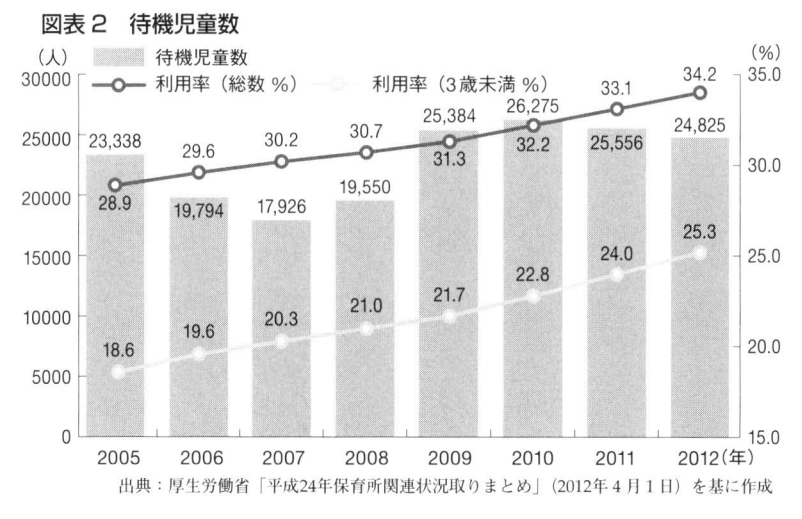

図表2 待機児童数

年	待機児童数（人）	利用率（総数 %）	利用率（3歳未満 %）
2005	23,338	28.9	18.6
2006	19,794	29.6	19.6
2007	17,926	30.2	20.3
2008	19,550	30.7	21.0
2009	25,384	31.3	21.7
2010	26,275	32.2	22.8
2011	25,556	33.1	24.0
2012	24,825	34.2	25.3

出典：厚生労働省「平成24年保育所関連状況取りまとめ」（2012年4月1日）を基に作成

機児童が多い都市部で特例的・時限的な規制緩和を認める、③保育の質についての第三者評価を拡充する、などが挙げられた。

しかし、親たちの要望は「安定・安全・安心」の保育環境整備であり、規制緩和による量だけの拡大はさらに別の問題に発展していくのではと危惧されている。1997年の児童福祉法改正以降、パート保育士の導入、面積基準ぎりぎりの子どもの「詰め込み」など、質を下げながらの規制緩和が進んできた。そもそも日本の認可保育所の保育士の配置基準・面積基準は、先進諸国に比べて低いのが現状である。上記③の保育の質は、さらに規制緩和する以上、せめてこれまでの認可保育所と同等程度の基準が保障されなければならない。

第3節 男女共同子育てを支える制度づくり

1．企業や社会の取り組み（育児休業制度・育児休業給付制度）

1992年に育児休業法が制定された。男女労働者が取得できる。当初は、無給、最長1年であり、正社員でないと取得できなかったりしたが、現在はかなり改正されている。例えば、雇用保険などから50％が支給され、期間は原則1年であるが、保育所入所の都合で最長1年半まで取得することができる。そして、男女ともに仕事と家庭の両立ができる働き方の実現を目指し、企業にも育児休業法がきちんと遂行されるように通達がなされている。

2009年の育児・介護休業法改正時に、子育て期間中の働き方の見直しと、父親も子育てができる働き方の実現などが盛り込まれた。子育て期間中の働き方の見直しについては、2012年7月1日より、これまで猶予されてきた従業員数100人以下の事業主にも「短時間勤務制度」の本格的な導入を通達した。父親も子育てができる働き方の実現については、

「パパ・ママ育休プラス」として、①父母が共に育児休暇を取得する場合、1歳2カ月までの間に1年間取得を可能とする、②父親が出産後8週間以内に取得した場合は、再度の取得を可能とする、③配偶者が専業主婦（夫）でも取得できるようにする、などが盛り込まれた。

しかし、育児休業法が改正されても、男性の取得率は上がらないのが現状である。育児休暇の取得率は、1996年には女性49.1％であったが、2004年には70.6％、2011年には87.8％まで上昇している。一方、男性は、1996年に0.12％であったが、2004年には0.56％、2011年には2.63％と増加傾向にあるものの極端に少ない［厚生労働省、2012］。また、男性の取得期間は数日から1週間程度がほとんどで、1カ月も取ると非難の声も挙がる。男性の取得率の低さ・期間の短さは、①男女の賃金格差、②男性は仕事・女性は育児と家事という性別役割分業意識、③企業の無理解、などが要因とされる。スウェーデンやノルウェーなど女性の労働力率が高い国ほど男性が取得しやすく、充実した育児休業制度がある。企業や社会の理解もあり、女性たちは妊娠・出産・子育てと労働を両立しており、出生率も高水準で安定している。

2．育児を両性で行うことの意義

企業の理解がなければ、働き方の見直しも進まず、男性の育児休業取得率は上がらない。2003年に次世代育成支援対策推進法が時限立法で成立・施行され、企業が労働者に育児休暇をきちんと与えたり、短時間労働を認めたりする策定義務があることを明確化した。2011年から、一般事業主行動計画の策定・届出などが義務となる企業は、常時雇用する従業員数301人以上から101人以上の企業へと拡大された。

> コラム：ある学園の2年間の一般事業主行動計画
> 　　　　　　　　　　　　　　（2013年4月1日～2015年3月31日）
> ［目標1］育児休業を取得しやすく、職場復帰しやすい環境の整備推進
> 　＜対策＞2014年度末までに、1歳までの育児休業を、特に男性職員に

も取得しやすいように、1日単位での取得を可能とし、同時に取得しやすい環境づくりに努める。
[目標2] 子の看護のための休暇制度の改正
　＜対策＞2014年度末までに、子の看護休暇取得方法の弾力化促進に努める。年間通算5日間の看護休暇の給与を100％支給とするよう進める。また、取得しやすいよう、診断書等の添付を不要とすることを検討する。
(http://www.tanigaku.ac.jp/)
　上記のように、男性の育児休暇も1日単位であれば申請もしやすいし、看護休暇に診断書の添付不要が実現すれば合理的である。子どもの発熱は突発的によく起こり、家で大事にしていれば治まることもあるが、そのたびに診断書の添付が必要であれば、わざわざ職場への提出のためだけに病院に行くようなものであり、診断書作成の費用も発生する。より多くの企業・学校が育児休暇・看護休暇を使いやすい努力目標を策定していくことが、社会の新しい風潮づくりに貢献する。

　かつての「母親教室」はその対象を広げ、「父親教室」や「両親教室」に変化している。また「母子手帳」も、いくつかの自治体で「親子手帳」となり、育児の主体者を母親のみに限定せず、父親の参加を促す取り組みの必要性が社会的に認識され始めている。

　妊婦や母親の育児不安を解消させる自治体の取り組みも活発である。例えば大阪府富田林市では、さまざまな新しい取り組みをしている。「こんにちは赤ちゃん事業」は、子育て支援交付金により乳児家庭全戸訪問となっているが、これ以外に、2012年度から3歳未満の子どもがいる家庭を保育士が訪問し、育児の悩み事の相談を受けたり、子育てを応援する事業や施設を紹介している。この訪問により、子育ての悩みを一人で抱え込むことなく、どこかにつながっていられる安心感を持つことができると評価されている。また、すでに実施している園庭開放にも、自ら参加しにくかった母親が、その訪問保育士を頼りに参加するケースも増えた。さらに、マイナス1歳（胎周期）からの子育て支援を充実させるという目的で、妊娠中の女性が市内の保育所を訪問し、乳幼児の様子を見学したり、保育士などに子育ての心配事の相談をするということが実

施されている。また、市立保育所の保育士が妊婦の家庭を訪問し、心配事の相談に乗ったり、情報提供を行っている。これによって妊婦たちの不安も軽減されている。

　そのほか、各自治体では、積極的に育児パパ・「イクメン」（育児をするイケてる男性）を目指す活動を推進したり、賞賛したりする取り組みを行って効果を上げてきている。

父親の育児を推進し啓発するために積極的な取り組みを行う自治体の事例（大阪府摂津市）

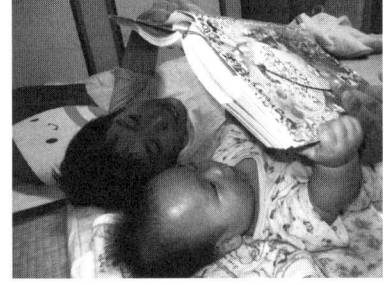

せっつで一番　パパの家事・育児自慢写真コンテスト・スーパーパパ賞（写真左・上）

せっつパパスクールの風景（写真下）

（3点とも、摂津市立男女共同参画センター・ウィズせっつ提供）

　経済の高度成長の時代では父親の存在価値は労働とそれに伴う対価で一家の生活費を稼いでくることが第一義であった。しかし、今も同じ感覚でいると、母親が育児ストレスをためたり、子どもに目が届かなかったりする。子どもにはできるだけ多数の大人のまなざしや愛情が必要である。保育所や地域社会のサポート、祖父母の協力があったとしても、それでも子育ての主体者は親なのである。労働との両立もあるので、時間だけ多く費やせばよいのではなく、子どもとの関わりにおける質の高さが問題である。また、夫が家族内役割を果たさないことは、妻の夫に

第5章●男女が共同で働き子育てする社会　69

対する愛情を低下させることにもつがなる。自分のパートナーが大変な時にこそ、「ありがとう」「お疲れさま」「手伝おうか」という言葉や姿勢は本当に大切である。困難な時期にお互いを助け合い、子育てという大変かつ楽しいことをやり遂げたことは、次のステージでの関係性にも強く影響していく。良い親子関係・夫婦関係は、長い間の信頼関係や思いやりの積み重ねなのである。

【引用・参考文献】

伊藤公雄・樹村みのり・国信潤子『女性学・男性学──ジェンダー論入門〔改訂版〕』有斐閣、2011年

ヴァン・デン・ベルク（足立叡・田中一彦訳）『疑わしき母性愛──子どもの性格形成と母子関係』川島書店、1977年

厚生省「平成10年版厚生白書」1998年

厚生労働省「平成22年国民生活基礎調査」2011年

厚生労働省「平成23年度雇用均等基本調査」2012年

全国保育団体連絡会・保育研究所編『保育白書〔2012年版〕』ひとなる書房、2012年

総務省「平成23年社会生活基本調査」2012年

独立行政法人国立女性教育会館編『男女共同参画統計データブック─2012』ぎょうせい、2012年

内閣府「男女共同参画白書〔平成24年版〕」2012年

内閣府「平成25年版少子化社会対策白書」2013年

古橋エツ子「児童福祉サービス」丸尾直美・塩野谷祐一編『先進諸国の社会保障⑤スウェーデン』東京大学出版会、1999年、pp.300-304

星野智子・和田美智代『家族のこれから──社会学・法学・社会福祉学からのアプローチ』三学出版、2010年

J. Bowlby, *Maternal Care and Mental Health*, W.H.O., 1951

第6章

保育の場における家庭支援

原子はるみ

第1節 児童福祉法改正による家庭支援

1．児童福祉法改正による家庭支援の制度化

　子育て支援の背景や支援の意義、機能に見られるように、家族や地域を含め、次世代への支援が多様な場所で、多様な機能で展開されている。児童福祉法が2008年に改正され、子育て支援のいっそうの充実が示された。同法第48条の3には「保育所は、当該保育所が主として利用される地域の住民に対してその行う保育に関し情報の提供を行い、並びにその行う保育に支障がない限りにおいて、乳児、幼児等の保育に関する相談に応じ、及び助言を行うよう努めなければならない」と定められている。

　これを受け2008年には保育所保育指針が改定され、地域の子育ての拠点としての機能と実施の義務が盛り込まれた。保育所を利用する子どもや保護者の支援だけではなく、重要な社会資源の一つとしての役割が求められている。

2．保育の場が担う家庭支援の役割

　家庭支援は広範囲にわたるが、特に保育所、幼稚園等の保育の場に視点を当てて考える。保育に関わる保育者は個別的な支援はもとより、生活を共にする集団を意識する必要がある。子育て家庭が孤立せず、他の家族や園、地域で、適切な育児の学びができ、さまざまな人と交流する中で子どもは成長する。親どうしが交流する機会や協力し合える関係づくり、地域との関わりを意図的に進めることも役割と言える。保護者を指導するのではなく、保護者自身が取り組めるような適切な支援の充実が重要である。

第2節 保育所での家庭支援

保育所は乳児から就学前の子どもの保育を実践している場であり、地域で最も身近な児童福祉施設である。

1. 保育所保育指針に見る家庭支援

保育所保育指針「第1章　総則」の中で、保育所の担う役割として次のように明記している。

> 2　保育所の役割
> (3) 保育所は、<u>入所する子どもを保育する</u>とともに、家庭や地域の様々な社会資源との連携を図りながら、<u>入所する子どもの保護者に対する支援</u>及び<u>地域の子育て家庭に対する支援</u>等を行う役割を担うものである。
> （下線は筆者）

このように保育所の役割として3点の支援が示されている。これら3点について以下に述べる。

(1) 保育所入所児への支援

保育の第一の目的は、子どもの人権を尊重し入所する子どもの最善の利益を守り、子どもを心身共に健やかに育てることであるのは言うまでもない。これまでも共働き世帯等への長時間保育では、養護的側面を大切にしながら対応してきたと言える。しかし、近年の社会状況、経済状況、子育てを取り巻くさまざまな環境の変化から、子どもの生活そのものをいろいろな視点から捉え直し、乳幼児期にふさわしい生活の場を整えることが求められている。

特に、ライフ・スタイルの変化による保護者の就労形態や就労時間の影響を考慮しながら実施される保育の必要性は高く、さまざまなニーズ

が求められている。それらのサービスについては後述するが、ここで忘れてはならないのは、チルドレン・ファーストである。「子ども・子育て新システム」の基本的な考えにも示されているように、すべての子どもに良質な成育環境を保障し、特別な支援が必要な子どもを含め、全ての子どもの健やかな育ちを実現していかなければならないのである。

(2) 入所児の保護者への支援

　2008年に告示された保育所保育指針では、以下のように記し、保育所における保護者支援は、保育士等の業務であると明示している。

> 第6章　保護者に対する支援
> 　保育所における保護者への支援は、保育士等の業務であり、その専門性を生かした子育て支援の役割は、特に重要なものである。保育所は、第1章（総則）に示されているように、その特性を生かし、保育所に入所する子どもの保護者に対する支援及び地域の子育て家庭への支援について、職員間の連携を図りながら、次の事項に留意して、積極的に取り組むことが求められる。

　さらに『保育所保育指針解説書』には、同章に関し【保護者支援の原則】として、「保育士の重要な専門性の一つは保育であり、二つは児童の保護者に対する保育に関する指導」であることや、「保育士等の保護者に対する支援は、何よりもこの保育という業務と一体的に深く関連していることを常に考慮しておく必要」があるとしている。つまり、日々の保育を通して、子どもと保護者へ一体的に支援が行われるところが特徴と言える。子どもの発達過程を見通したさまざまな知識と援助、環境構成や豊かな遊びを展開する技術など保育士の専門性を生かし、子どもとその保護者へ関わり、適切に支援することは極めて重要である。

　また、保育所保育指針第6章「2　保育所に入所している子どもの保護者に対する支援」では、6点について述べられている。保護者に対する支援の具体的な内容や方法としては、保護者との日々のコミュニケー

ションを持つために、園への送迎時の会話や連絡ノート、園だより、配布物や掲示物を通した連絡、通信等の活用によって、子どもの活動や言動などを相互に知らせ合い、相互理解を図ること、また、なにげない会話の中にも子どもの気持ちの理解の仕方や保護者への励ましなどを専門職の立場から伝えることによって、子育てへの自信や意欲が持てるようにすること、などである。

　保育参観や園行事への参加は、子どもの園での様子に実際に触れることになり、また保護者どうしの交流の機会になる。懇談会や個人面談は、保育の方針や日々の保育の意図を説明したり、子どもの課題などを話し合ったりする相互理解の場でもある。そこで保護者の考えや要望を聞いたりすることも、今後の保育には大切である。

　日々の保育に関するさまざまな相談や助言に対する保育士の対応は広範囲にわたる。園の職員全員が子どもと保護者を知り、対応する必要がある。それには、保育士と保護者との信頼関係を築くことである。子どもを介して、情報を交換・共有し、いっしょに喜び、思いを受け止める。相互の意思疎通と共通理解を重ねることで、信頼関係は深まっていくのである。

(3) 地域の親子への支援

　『保育所保育指針解説書』の【地域子育て支援の原則】では、保育所における通常業務に支障を来さない範囲で、地域の住民に対して子育ての情報提供や乳幼児の保育に関する相談・助言を行うように明記している。昨今の社会状況を見ると、地域の子育て支援の役割はいっそう重要性を増し、積極的に取り組む必要性が考えられる。

　保育所保育指針では、「地域の子育ての拠点としての機能」として次の４点を挙げている。

①子育て家庭への保育所機能の開放（施設及び設備の開放、体験保育等）

②子育て等に関する相談や援助の実施
③子育て家庭の交流の場の提供及び交流の促進
④地域の子育て支援に関する情報の提供

地域の子育て家庭が、安心して利用できる雰囲気の中で、専門性を基盤とした職員に関わってもらえることは、子育て家庭にとってはこのうえない心強い存在になる。このように、身近に保育所があることにより育児に対する安心感が得られ、最近増えている虐待防止にもつながることになる。

2．家庭のニーズと多様な保育サービス

保育所も地域を構成する一つの資源として、子育て家庭のさまざまな実情やニーズに応えながら、柔軟なサービスが行われている。

(1) 延長保育事業

保育所の約70％で延長保育が行われている（厚生労働省の状況調査2010年度）。通常の保育時間を延ばして行われる保育ではあるが、どの程度延長するのであろうか。保育時間は1日8時間が原則（児童福祉施設最低基準）であるが、昨今は保護者の就労形態により就労時間もさまざまであり、各保育所では開所時間を11時間としている。開所時間の前後の時間でさらに30分から1時間を延長としている。長時間延長保育は11時間の開所時間の前後の時間で、おおむね2時間以上の延長保育を指す。具体的には、早朝保育や夕方以降が通例である。

この事業の対象は、保育所入所の乳幼児だけではなく、小学校の低学年程度までの児童も含まれる。保護者の延長保育や長時間延長保育に対するニーズは強く、保育所も受けざるを得ない状況にあるが、子どもにとって長時間にわたる保育は生活リズムが乱れがちになり、ストレスによる情緒の不安定など心身の負担も大きく、いっそうの配慮が必要である。子どもの状態に配慮し、保護者との連携、保育者間の情報の共有、

連絡は特に重要である。

(2) 病児・病後児保育事業

地域の児童が発熱等の急な病気となった場合、病院・保育所等に付設された専用スペース等において看護師等が一時的に保育する事業、および保育中に体調不良となった児童を保育所の医務室等において看護師等が緊急的な対応等を行う事業である。また、病後児保育は病気の治りかけで集団保育が難しい保育所入所児を一時的に預かり、子どもの健康管理と看護を行う事業である。類型は4種類である。

○病児対応型：病院・保育所等の付設の専用スペースで、看護師等が地域の病児（10歳未満）を一時的に保育する
○病後児対応型：病院・保育所等の付設の専用スペースで、看護師等が地域の病後児（10歳未満）を一時的に保育する
○体調不良児対応型：保育中に児童が体調不良となった場合に、保護者が迎えに来るまでの間、保育所において緊急的な対応等を行う
○訪問型：看護師等が地域の病児・病後児（10歳未満）を児童の自宅において一時的に保育する

保護者にとって子どもの病気や体調不良は気がかりでありながらも、仕事に向かわなければならない場合がある。必要とされる事業ではあるが、十分に実施されていないのが現状である。また、医療的な配慮を必要とするため、保護者との連絡や伝達を丁寧に取ることが大切である。

(3) 一時預かり事業

児童福祉法第24条に規定されている保育の実施対象とならない就学前児童を、保護者の傷病、入院、災害、事故、育児などに伴う心理的・肉体的負担の解消などのために、緊急、一時的に児童を保育する事業である。2008年の児童福祉法改正により、従来の「一時保育」から改称された。

近年は、専業主婦の育児困難や育児疲れの解消、リフレッシュ支援、

保護者が介護する事態になった場合、断続的な勤務形態や短時間勤務等に対応し、自主的に保育サービスを提供し福祉の増進を図っている。一時保育を利用する子どもについては、情緒の安定に配慮して保育を行う一方、保育所で保育を実施している子どもの援助に支障がないように十分気をつけることも大切である。

(4) 休日保育事業

保護者の就労形態が多様化している中で、日曜日や国民の祝日等に保育に欠ける児童に対する保育を実施する事業であり、安心して子育てができる環境を整備する事業の一つである。環境が違うところで過ごす児童が安心して楽しく過ごせるように配慮が必要になる。

(5) 地域子育て支援拠点事業

子育て支援センターを保育所に併設して、地域子育て支援拠点としての活動を実施している保育所もある。保育所内に地域の子育て中の親子が気軽に集う場を提供し、集まった親子の交流や子育ての不安・悩みを相談できる場でもある。ときによっては、保育所の行事に参加し、いろいろな大人や子どもと関わる。その中で発達の様子を知ることができ、疑問を解決したりできる。参加する親子が子育てや地域の情報を得ることができ、また保育所が地域の親子の様子を知ることは、これからの相

函館深堀保育園併設深堀子育てサロン

図表1　地域子育て支援拠点事業

背景
- 3歳未満児の約7〜8割は家庭で子育て
- 核家族化、地域のつながりの希薄化
- 男性の子育てへの関わりが少ない
- 児童数の減少

課題
- 子育てが孤立化し、子育ての不安感、負担感
- 子どもの多様な大人・子どもとの関わりの減

地域子育て支援拠点の設置
子育て中の親子が気軽に集い、相互交流や子育ての不安・悩みを相談できる場を提供

地域子育て支援拠点

○ 公共施設や保育所、児童館等の地域の身近な場所で、乳幼児のいる子育て中の親子の交流や育児相談、情報提供等を実施

○ NPOなど多様な主体の参画による地域の支え合い、子育て中の当事者による支え合いにより、地域の子育て力を向上

事業内容
① 交流の場の提供・交流促進
② 子育てに関する相談・援助
③ 地域の子育て関連情報提供
④ 子育て・子育て支援に関する講習等

機能強化（地域機能強化型）
① 子育て関連事業の利用にあたっての支援の取組
② 地域における親・子の育ちを支援する取組

解消 → 育児不安
地域で子育てを支える
平成24年度実施か所数（交付決定ベース）
5,968か所

地域子育て支援拠点事業の充実について

- 地域子育て支援拠点事業は、地域の子育て中の親子の交流促進や育児相談等を実施し、子育ての孤立感、負担感の解消を図り、全ての子育て家庭を地域で支える取組としてその拡充を図ってきた。
- 「子ども・子育てビジョン」においても、1万か所（中学校区に1か所）の設置を目標として掲げ、重点的に取組を推進。 → 地域子育て支援拠点事業として事業開始から5年が経過し、実施形態の多様化。
- 更に、昨年8月に成立した「子ども・子育て支援法」では、子育て家庭が子育て支援の給付・事業の中から適切な選択が出来るよう、地域の身近な立場から情報の集約・提供を行う「利用者支援」が法定化。

→こうした状況を踏まえ、平成25年度（平成24年度補正予算で安心こども基金の事業として組替）より、以下二点を実施し、事業の更なる拡充を図る。

　①機能別に再編：従来の「ひろば型」・「センター型」を「一般型」に再編し、職員配置や活動内容に応じた支援の仕組みとする。（「児童館型」は「連携型」として実施対象施設を見直し。）
　②機能の強化：「利用者支援」・「地域支援」を行う「地域機能強化型」を創設する。

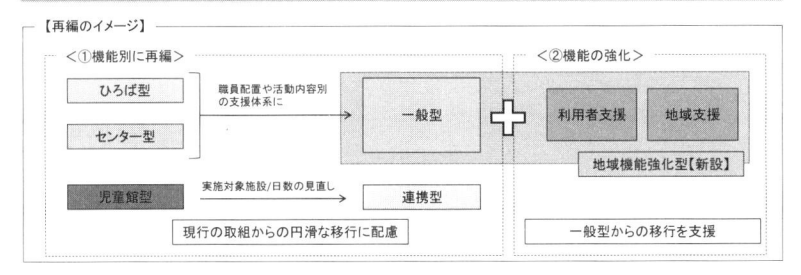

【再編のイメージ】

＜①機能別に再編＞
ひろば型
センター型
職員配置や活動内容別の支援体系に → 一般型

児童館型
実施対象施設/日数の見直し → 連携型

現行の取組からの円滑な移行に配慮

＜②機能の強化＞
一般型 ＋ 利用者支援　地域支援
　　　　　地域機能強化型【新設】
一般型からの移行を支援

出典：厚生労働省ホームページ「子育て支援」
http://www.mhlw.go.jp/bunya/kodomo/dl/kosodate_sien.pdf

互の支え合いになる。

　例えば、保育所の行事として行われた夏祭りに園児だけではなく、地域子育て支援センター利用の親子や近隣の中学生がいっしょに参加し、関わりを楽しんだりすることで、子育て親子の孤立化を防ぎ、保育所が地域をつなぐ役目をしている。2013年5月に厚生労働省発表の地域子ども・子育て支援事業の概要説明によると、従来の3類型から機能強化別に再編されることになった（図表1）。

第3節　幼稚園での家庭支援

1．幼稚園教育要領に見る家庭支援

　保育所と同様の幼児期の施設である幼稚園は学校教育施設であり、3歳から就学前の子どもを対象とした教育機関である。2007年に「学校教育法」の改正が行われ、幼稚園の役割として子育て支援が位置づけられた。翌2008年には幼稚園教育要領が改訂され、次のように子育て支援に関する内容の充実が示された（第3章第2－2）。

> 幼稚園の運営に当たっては、<u>子育ての支援のために保護者や地域の人々に機能や施設を開放</u>して、園内体制の整備や関係機関との連携及び協力に配慮しつつ、<u>幼児期の教育に関する相談に応じたり、情報を提供したり、幼児と保護者との登園を受け入れたり、保護者同士の交流の機会を提供したり</u>するなど、<u>地域における幼児期の教育のセンターとしての役割を果たす</u>よう努めること。
> 　　　　　　　　　　　　　　　　　　　　　　　　（下線は筆者）

　登降園バスを利用していると、保護者と教員が直接話す機会は少ないが、幼稚園は行事も多く、PTA活動も活発に行われており、園に関わる機会は保育所より多い。保育所での支援と同様に、在園児の保護者への支援だけではなく、地域のセンター的役割を担うことを明確に記載し

ている。

2．多様な支援

(1) 預かり保育

　幼稚園児の保護者の多くは専業で子育てを行っているが、近年は就労する保護者も増えている。弾力的な運用（幼稚園教育要領第3章第2－1(4)）として、教育時間後に数時間の預かり保育を実施している園も多い。預かり保育を実施している幼稚園は全体数の81.4%であり、私立幼稚園のほぼ95%が実施している状況にある［文部科学省、2013］。園独自の内容で行われているが、体操や英語等の教室を預かり時間に合わせて開催している園もある。

(2) センター的事業

　幼稚園は地域の教育のセンターとして、未就園児プログラムに基づいてプレスクール等を実施しているところも多く見られる。地域の子育て親子が園に通い、他の親子と触れ合ったり、行事に参加したり、子育て相談等も行っている。

第4節　家庭支援における保育者の姿勢

　保育所や幼稚園のさまざまな家庭支援を見てきたが、そこに関わる保育者の支援者としての専門的な視点や知識・技能が問われる。「○○先生がいると安心する」「◇◇先生だったら、きっと聞いてくれるだろう」等、関わる保育者の存在が左右する。特に保護者の子育てに関する相談は、日常の育児のことから、子どもの障害や親子関係、虐待等とさまざまであり、多様である。さらに、保育所等に相談に来たり、参加することができずにいる親子もいる。地域の子育てニーズを把握するとととも

に、個々の子育て家庭や保護者の不安感、困り感に気づきキャッチすることも、支援者としての大事な仕事である。

そして、個々の子どもや保護者、子育て家庭の背景を読み取りつつ寄り添い、愛情を持ち接していきたいものである。相談・援助等のソーシャルワークをはじめ、関連機関との協力、連携のネットワークを地域で築き、子育て家庭を笑顔で応援していくことのできる園の体制が必要であり、保育者自身が一人ひとりの子どもやその保護者の最善の利益を考え、積極的に関わる力が求められている。

【引用・参考文献】

大豆生田啓友編著『50のキーワードでわかる子育て支援＆子育てネットワーク』フレーベル館、2007年

厚生労働省『保育所保育指針解説書』フレーベル館、2008年

島田ミチコ監修、上中修編著『最新 保育原理』保育出版社、2012年

社会福祉法人日本保育協会編『みんなで元気に子育て支援——地域における子育て支援に関する調査研究報告書』2009年

寺見陽子編著『子育ち・子育て支援学』保育出版社、2011年

文部科学省「平成24年度幼児教育実態調査」2013年

第7章

家庭との緊密な連携・パートナーシップ

新川　朋子

第1節 「子ども」を核とする家庭支援

1. 保護者の子育て状況と保育士の保護者支援

　少子化や核家族化が進行することにより、子育てに対する負担感や孤立感が増加するとともに、子育ての情報が氾濫する一方で、必要な情報が得られないといった問題が生起している。また、社会情勢や雇用環境の変化により、非正規雇用が増加することで保護者の就労状況が厳しさを増し、家庭生活の状況にも影響を及ぼしている。こうした経済的な要素も含めたさまざまな要因が相互に絡み合い、保護者の子育て状況が形成されている。

　そのため保育士は、職員間で連携しながら、保護者の生活背景や心理的・社会的状況を把握したうえで、保護者各人に合った支援を行っていくことが必要となる。その際、日常のさまざまな場面を捉えながら保護者の気持ちを受け止め、子どもの成長を共に喜び、保護者と継続的に関わり、対話を重ねていくことが求められる。このように、家庭との緊密な連携・パートナーシップに基づいた保護者支援が必要となっている。

　保育士の保護者支援の役割としては、2003年の改正児童福祉法で「保育士は専門的知識及び技術を持って、児童の保育及び児童の保護者に対する保育に関する指導を行うことを業とする者をいう」と定義され、明確に示された。また、2008年に改定された保育所保育指針においても、「保護者に対する支援」が保育士の役割として位置づけられた。そして『保育所保育指針解説書』には、保育士の「保護者に対する保育に関する指導（保育指導）」について、「保育に関する専門的知識・技術を背景としながら、保護者が支援を求めている子育ての問題や課題に対して、保護者の気持ちを受け止めつつ、安定した親子関係や養育力の向上をめざ

して行う子どもの養育（保育）に関する相談、助言、行動見本の提示そのほか援助業務の総体をいいます」と示されている。

　保育士の保護者支援は、入所する子どもの保護者に対する支援と、地域の子育て家庭に対する支援があり、保護者との関係構築と保護者の養育力の向上に資する支援を行う過程で、保育所の特性を生かしつつ、保育士の専門性を発揮することが期待されている。

　また、さまざまな地域社会の人々や組織・機関などと連携しながら、保護者が必要とするサービスと保護者をつなげる支援も必要になる。こうしたサービスは、児童虐待の予防的観点からも必要であり、地域における子育て支援が、通常業務としての保育に支障がない限りにおいて、積極的に行うように努めることが記されている。

2．全国保育士倫理綱領に示された「家庭支援」

　全国保育士倫理綱領には、保育士が、自らの人間性と専門性の向上に努め、一人ひとりの子どもを心から尊重し、「子どもの育ち」と「保護者の子育て」を支え、「子どもと子育てにやさしい社会」をつくることと示されている。また、「保護者との協力」として、「3．私たちは、子どもと保護者のおかれた状況や意向を受けとめ、保護者とより良い協力関係を築きながら、子どもの育ちや子育てを支えます」と明記されている。

　保育士には、「子どもの育ち」と「保護者の子育て」を支え、「子どもと子育てにやさしい社会」をつくる役割がある。また、子どもの育ちや子育てを支える際、子どもと保護者の置かれた状況や意向を受け止め、保護者とより良い協力関係を築く必要がある。そうした保護者支援を行う際に、「保育の専門性」が問われ、「子ども」を核とする家庭支援を行うことが求められるのである。

3．保育所保育指針の改定の要点と保護者支援

　保育所保育指針解説書には、保育所保育指針の「改定の要点」を、「保

育所の役割を保育指針に位置づけたことである」と示している。すなわち、「保育所は、養護と教育を一体的に行うことを特性とし、環境を通して子どもの保育を総合的に実施する役割を担うとともに、保護者に対する支援（入所する児童の保護者に対する支援及び地域の子育て家庭に対する支援）を行う」という保育所の役割が明記された。

また、保育所における保護者への支援については、保育士の業務として明記された。また独立した章として、「第6章　保護者に対する支援」が設けられた。その中で、保育所に入所する子どもの保護者に対する支援及び地域における子育て支援について定められた。特に、保育所の特性を生かした支援、子どもの成長の喜びの共有、保護者の養育力の向上に結びつく支援、地域の資源の活用など、保護者に対する支援の基本となる事項であることが明確に示された。

「家庭支援」については、保育所保育指針（第1章2-(2)）に、「保育所は、その目的を達成するために、保育に関する専門性を有する職員が、家庭との緊密な連携の下に、子どもの状況や発達過程を踏まえ、保育所における環境を通して、養護及び教育を一体的に行うことを特性としている」と示されている。ここで述べられているように、保育所における家庭支援においては、保育所の特性である「家庭との緊密な連携」が不可欠である。そして「子どもの状況や発達過程を踏まえる」ことと「保育所における環境を通して、養護及び教育を一体的に行うこと」といった保育所の特性は、保育所における家庭支援においても活用できる。

例えば『保育所保育指針解説書』（第1章2-(2)-②）には「保育所での保育が、より積極的に乳幼児期の子どもの育ちを支え、保護者の養育力の向上につながるよう保育所の特性を生かした支援が求められています」と示されている。また子育て支援についても、「地域の様々な人や場や機関などと連携を図りながら、地域に開かれた保育所として、地域の子育て力の向上に貢献していくことが、保育所の役割」（第1章2-(3)）であることが示されている。まさに、乳幼児期の子どもの成長・発達を

支援する保育士の専門性が、保護者の子育て力の向上につながるように保護者支援の場面で活用されるべきであり、保育士の専門性や保育所の特性が家庭支援に求められるのである。

4．保護者支援の目標

保育所保育指針（3－(1)－イ）には、「保育所は、入所する子どもの保護者に対し、その意向を受け止め、子どもと保護者の安定した関係に配慮し、保育所の特性や保育士等の専門性を生かして、その援助に当たらなければならない」と示されている。そして、『保育所保育指針解説書』（第1章3－(1)－②）には、次のように記されている。

> 保護者の声に耳を傾け、その意向をしっかりと受け止めた上で、適切に対応します。保護者一人一人の状況を考慮し、職員間で連携を図りながら対応していきますが、常に、子どもの最善の利益を考慮して取り組むことが必要です。
> また、日頃より保育の意図や保育所の取組について説明したり、丁寧に伝えながら保護者と共に考えたり、対話を重ねていくことが大切です。こうした保育の目標を目指して行う日々の保育が、常に、人（子どもや大人）との相互の関わりの中で繰り広げられていることや、そのことを通して、子どもはもとより、保護者も、そして保育士等も育ち合っているのが保育の場であるといえます。
> 子どもと保護者の関係を軸に、子ども、保育士等、また保護者等の様々な関係が豊かに繰り広げられていくことが望まれます。

乳幼児期の子どもの成長・発達を支援する保育士の専門性には、保護者の意向を受け止め、子どもと保護者の安定した関係に配慮できる子育て支援力が求められている。子育て支援力とは、保護者の声に耳を傾け、その意向をしっかりと受け止めたうえで、適切に対応することができる力である。具体的には、保育のねらいや保育所の取り組みについて、保護者が理解できるように日常的に丁寧に説明しながら伝えていくとともに、難しい課題や問題を保護者と共に考えたり、対話を重ねることで、

問題の理解や解決をしていく力が求められる。

しかし、実際に困難な場面においては、子ども、保護者、保育士は、互いに試行錯誤を繰り返しながら成長・発達していくために、相互に育ち合う関係を構築し、そうした育ち合いの場となるように保育所における保護者支援が行われる必要がある。また、保護者一人ひとりの置かれている社会的状況や心理状況を考慮して、職員間で連携を図りながら対応できる力も求められる。さらに、保護者支援は、子どもの最善の利益を考慮して取り組むことが必要である。

5. 保護者支援の方法

保育所保育指針（第1章3-(2)-カ）には、「一人一人の保護者の状況やその意向を理解、受容し、それぞれの親子関係や家庭生活等に配慮しながら、様々な機会をとらえ、適切に援助すること」と示されている。

そして、『保育所保育指針解説書』（第1章3-(4)-⑤）には、「保護者支援においては、保護者と一緒に子どもを育てていくといった視点が大切であり、保護者とのパートナーシップが求められます。保護者の気持ちを受け止め、子どもの成長を共に喜び、保護者の子育てを励まし援助していくとともに、日常の様々な場面をとらえながら、継続的な関わりや対話を重ねていきます」と記されている。

保護者の意向を受け止め、子どもと保護者の安定した関係に配慮できる保護者支援を行うには、保護者とともに子どもを育てていくといった視点が不可欠となる。『保育所保育指針解説書』に示されているように、保護者の気持ちを受け止め、子どもの成長・発達を共に喜び、保護者の子育てを励まし援助することが必要である。そのため、日常のさまざまな保育場面における子どもの成長・発達を保護者とともに喜び、そうした関わりや対話を継続していく保護者とのパートナーシップが、保育所における「家庭支援」において求められている。

第2節 子どものエピソードを通しての支援

　この節では子どものエピソードを通して、保護者に「子どもの発達」を伝えながら、保護者と連携していくための保育技術を学ぶ。

> **＜事例１＞友達といっしょに遊ばない子にイライラしてしまう母親**
> 　３歳児クラスのＡ君は、３月生まれでクラスの中で最も月齢が低い男児である。入園したばかりの４月、母親といっしょに保育所に登園してきたＡ君は、持ち物の準備を済ませると室内のブロックで遊び始めた。他の子たちは園庭に出て遊んでいたため、室内にはＡ君一人であった。
> 　そこで母親はＡ君に「みんな外で遊んでいるよ。Ａも外に行こうね」と、言葉を掛け、Ａ君の手を引っ張り外に連れ出そうとした。しかしＡ君は、「嫌だ。僕はブロックで遊ぶ」と、外に出ようとしない。そこで、みんなと遊ばせたい母親とＡ君との言い合いになり、ついには、Ａ君が泣く結果となった。
> 　保育士がその様子に気づき、「あら、どうしたのかな」と声を掛けると、母親はイライラした様子で、保育士に「Ａは、いつも友達と遊ばず、一人でいるように思いますが、どうしたらいいのですか。このままでは、とても心配です」と話した。

　このような場面では、まず、「お母さんは、Ａ君のことを心配されていたのですね」「これまで、お母さんの不安な思いに気づけなくてごめんなさい」と、母親の思いを受容することが大切である。そして次に、子どもの発達について母親に知らせる必要がある。保育士の専門性として、「子どもの発達」を伝えることは重要であり、保護者とともに「子どもの理解」を深めていくことが大切となる。この事例の場合、「お母さんは、Ａ君にお友達といっしょに遊んでもらいたかったのですね」と、母親に共感し、不安な気持ちを受け入れながら、「私たちは、この時期このクラスで、子どもたち一人ひとりが自分の大好きな遊びを見つけら

れることを目標としているのですよ」「A君は、3歳になったばかりですね。この年齢だと、まだまだ一人遊びが中心なのですよ。みんないっしょに遊んでいるように見えますが、実は子どもどうしの関わりはなく、隣で同じことをして遊んでいる場合がほとんどなのです。それを並行遊びというのですよ」と年齢の発達を伝えていく。また、クラス便りやさまざまな行事などの中でも、子どもの発達について知らせていくことが必要である。「子どもの発達」を伝えるという保育士の専門性が、家庭との信頼関係を築いていくうえで必要となる。

　このように、保育士には、「子どもの発達」を伝えながら家庭との緊密な連携を図っていくことが求められているのである。

> **＜事例２＞忙しいときに手伝いをしたがる２歳の弟**
> 　保育所に登園してきた４歳児クラスのB君の母親が、B君の準備が終わってB君と離れても、なかなか保育所から帰ろうとせず部屋の前に座り込んでいる。担任保育士は、いつも明るいB君の母親の様子が気になり、「お母さん、今日はお疲れなのですか」と、言葉を掛けた。すると、B君の母親は、「2歳になったばかりのBの弟が、毎日食事の手伝いをしたいと泣きわめくので疲れてしまっているのです。仕事が休みの日はいいのですが、急いでいるときには手伝わせてあげられずに困っているのです」と話し始めた。
> 　そこで保育士が、「それは大変ですね。忙しい時間に困っていたのですね。でも、お母さんは、弟さんに手伝いをさせてあげたいと思っているのですね」と問うと、母親は、「はい。とても手伝わせてあげたいのです。でも、手伝いをさせると余計に時間がかかるのです」と答えた。
> 　保育士は、「手伝いをさせてあげたいと思うお母さんの気持ちが、とてもすてきですね。その気持ちは、きっと弟さんにも伝わっていると思いますよ。2歳頃は、大人のまねをしてみたい時期ですね。これを模倣と呼びます。しかも、何でもお母さんが使っている本物を使いたがるでしょう。弟さんが成長しているといううれしい出来事ですね」と、まず母親に共感することから話し始めた。母親は、「そうなんですね」と、少し表情を明るくした。
> 　続けて保育士は、「手伝いといっても、いろいろあるのですよ。例えば、

手でレタスやキャベツをバリバリとちぎって水で洗うとか、卵の皮をむくとか、料理は包丁で切ったり、火を使うことばかりではないですね。エプロンを付けてあげるのも気分が出ていいですね」と提案した。母親は、はっとした表情で、「ああ、そうですね。そんなお手伝いもあったのですね。それならさせてあげられそうだわ」と言ってほほえんだ。

　保育士が「それから、本物を使いたいという気持ちも尊重してあげたいのですが、この年齢ではまだまだごっこ遊びも大切です。家に簡単な物でもいいので、ままごとコーナーがあるといいですね。弟さんがお母さんで、お母さんも子どもの役などになって遊んでみても楽しいですよ」と伝えると、母親はいつもの明るい笑顔を見せて、「はい」と言って帰って行った。

　これは、保育所に通う子どもではなく、その子どもの弟の事例である。保育所では、入所する子どもだけでなくその兄弟の相談件数も多いことから、保護者との連携は、保育所に通う子どもだけではなく兄弟姉妹の相談に応えることも含まれる。この事例の場合、子ども理解として2歳児の発達を伝えるといった技術、および具体的な育児の方法を提案する技術が使用されている。こうした相談援助によって、疲れていたこの母親に表情の変化が現れる。保護者との信頼関係は、確かな子どもの発達理解と保育技術によって築かれていくと言える。

第3節　家庭・保護者との連携・協働による支援

　この節では、保育所の行事を通して、保育士と保護者、保護者どうし、保育所の卒園児とその保護者等と、いかに連携すべきかについて考える。

＜事例3＞保護者との連携・協力を促す保育所の行事
　C保育所では、毎年「C祭り」という行事が行われる。内容としては、食べ物の屋台、バザー、保育士の踊りなど多彩である。クラスごとの出店もあり、保護者もいろいろ準備をするため、就業後の夕方から集まって話し合うこともある。多忙な中の時間であるが、保育士を中心に話し合いを

> 進める中、一つの目標に向かって共に力を合わせて活動していくことで、保護者どうし、また保護者と保育士のきずなが生まれてくる。
> 　早朝・長時間保育の子どもの多い保育所ではあるが、おおぜいの父親も参加し、この祭りを楽しみにしている。そして、この行事には、C保育所を卒園した保護者や子どもたちも集まって来ていた。
> 　また、C保育所では、各クラスで月に1度、夕方から保育士を含めてのクラス懇談会が行われ、そこには、保護者が一品ずつ持ち寄った食べ物が出されていた。保育士と保護者が共に飲食しながら話す時間は、同じクラスの中でもふだんほとんど顔を見ることのない保護者どうしの距離を近いものにしていった。母親たちは、毎月開かれる夕方からのクラス懇談会を楽しみにするようになっていった。
> 　そんな中、1歳児クラスのDちゃんが4月から入園したものの、保護者の就労の事情によって、C保育所を夏で退園することとなった。そして、ある懇談会の日、Dちゃんの母親がC保育所を退園することを話し始めると、クラスの他の保護者たちは、戸惑い、数人の保護者は泣き始め、Dちゃんの母親も涙を流していた。DちゃんがC保育所に通ったのはたった4カ月間であったが、この保育所の取り組みが、保護者どうしの連携を強いものにしていったと考えられた。

　家庭・保護者と連携・協働する行事には、以上のような夏の祭り以外にも、バザー、運動会、発表会などがある。なお『保育所保育指針解説書』の中にも、「保育所での保育が、より積極的に乳幼児期の子どもの育ちを支え、保護者の養育力の向上につながるよう保育所の特性を生かした保育が求められる」と書かれている。

　この事例のような連携・協働によって、保護者どうし、また保育士と保護者のよりよい関係を構築することは、保護者の養育力の向上と非常に密接につながっていると考えられる。母親を一人ぼっちにしない、また父親を子育てに参加させる、人と人のつながりを作っていくことが、保育所の重要な役割である。人と人との関わりが希薄だと言われる現代であるからこそ、保護者と保育士が一つの目標に向かって力を合わせることのできるさまざまな保育所の行事は、多様な支援の中の一つとして

重要な位置を占めている。

第4節 保護者の自己決定を支える支援

　保育所保育指針「第6章　保護者に対する支援」の（5）には、「子育て等に関する相談や助言に当たっては、保護者の気持ちを受け止め、相互の信頼関係を基本に、保護者一人一人の自己決定を尊重すること」と明記されている。そして、保護者が潜在的に持っている力を引き出していくエンパワメントが重要である。

> **＜事例4＞保護者の子育て力を引き出す支援**
> 　2歳児、4歳児の2人の子どもを10代で出産し、その後、離婚を経験している母親の事例である。保育所の2歳児クラスのD君は、爪が長く伸びて黒く汚れており、担任保育士が、母親に「お母さん、爪を切ってきてね」と言葉を掛けても「はい」と言うだけで、母親が爪を切ってくることはなかった。そのため、保育所で、担任保育士がD君の爪を切っていた。また、入浴回数も少ないようであり、体にあかのようなものが付いていることもあったため、保育所のシャワー室で体を洗うこともあった。しかし、職員会議の中で、このまま保育所がD君の清潔面を介助するだけでは、母親に必要な子育ての力がついていかないという話になった。そのため、母親の子育ての力を支援していくためにどのように援助するのか、計画を立て実践していくことにした。
> 　まず初めに、降園時に母親とともに、D君の爪をいっしょに切るところからスタートした。このとき、保育士が母親に「爪が伸びていると、給食を食べるときにどうなるかな。指を使ってなにか物を作るときも爪が長いとじゃまになるね」など、細かく状況を説明したり、問いかけたりした。母親が、「めんどうくさい」と言うので、まず片方の手から始めていった。そして、うまく爪が切れたら、保育士が母親を「お母さん、D君の爪がとてもきれいになったね」と、褒めるようにした。そして保育士が見守る中、母親一人でD君の両方の指の爪を切れるようになっていった。
> 　このように、根気よく援助を続けた結果、数カ月後には、「D君、そろ

そろ爪が伸びてきたね」という保育士の言葉掛けで、母親は「切ってきたほうがいいかな」と気づくようになり、数日後には、D君の爪を切ってくるようになっていた。このころから、保育士とD君の母親との信頼関係も構築され、保育士の言葉掛けで、母親は、D君を家庭で入浴させるようになった。

　この母親はこの後、さまざまな家庭の問題を担任保育士に相談するようになり、２人の子どもの清潔面にも気を使うようになっていった。この母親の変化により、D君も保育所で明るい表情が見られるようになり、言葉も増えていった。

　保育士は、子どものために家庭の代わりをするだけでなく、次のステップとして、母親の子育て力を引き出していくことが必要である。母親の持つ力を信じ、まずは保育所でできる力が身につくよう根気よく援助する。そして、徐々に家庭でできる力となるように支援していく。この場合、保育士からの「こうしてね」という一方的な声掛けではなく、「どうしたらいいかな」と考える機会を与えたり、「保育所でするか、家でするかどうする？」などの選択肢を提示し、自己選択・自己決定を促すのも良い方法である。保護者の自己決定を、共感し、認め、尊重することにより保護者と保育士の信頼関係は構築されていくため、保護者が自分で決めたという実感が持てるように支援することは非常に重要である。

【引用・参考文献】
　大場幸夫・網野武博・増田まゆみ編著『保育を創る８つのキーワード ── 平成20年改定保育所保育指針解説』フレーベル館、2008年
　柏女霊峰・橋本真紀編著『保育相談支援』ミネルヴァ書房、2011年
　厚生労働省『保育所保育指針解説書』フレーベル館、2008年
　保育福祉小六法編集委員会編『保育福祉小六法〔2013年版〕』みらい、2013年

第8章
保育所・幼稚園における支援方法の実際

飯塚美穂子

第1節 日常的な家庭支援の実際

　今日の子どもや家庭を取り巻く状況は急速に変化してきており、保育現場で、さまざまな生活課題を抱える子どもや保護者と出会うことが少なくない。実際に保育所や幼稚園においても、さまざまな子育て支援が展開されているが、その内容は、日々の子育ての悩み（さまざまな育児不安や、子育てそのものに対する満足感）に対する相談から、児童虐待が疑われるような深刻なケースまで多岐にわたっており、子育て支援＝「子育ち・親育ちの支援」であるともいわれている。

　本章では、そのようなさまざまな課題を抱える家庭に対して具体的にどのような支援が必要となるのか、保育者による支援方法の基礎について学んでいく。

1．保護者との情報共有

　保育所や幼稚園では、援助者である保育者が、日常的な関わりの中で、子どもや保護者の些細な変化や潜在的な課題にも気づきやすく、早期発見・早期対応が可能であると言える。それらの課題の発見と適切な対応に当たっては、保護者との情報共有が欠かせない。

　情報共有の方法としては、日常の保育については日々の声掛けや会話を通して、または連絡帳や園内の掲示板、保育ノートなどの利用を通して行う。必要に応じて個別にお便りなどを手渡したり、面談を設定することもあるだろう。

（1）送迎時の声掛け、面談

　送迎時は、たとえ短時間であっても、日常の親子の様子を知り、会話を交わすことができる貴重な場面である。「おはようございます」「いっ

てらっしゃい」「さようなら」「お帰りなさい」等の挨拶だけでなく、園での子どもの様子を伝えるとともに、家庭での子どもの様子を確認する大切な場であることを認識しておきたい。「いつもと少し違う」と感じたり、何か話したい様子が見られる場合には、話を聴く姿勢で向き合うこと、また、ゆっくり時間を取って面談の時間を設定するなどの配慮が欠かせない。

(2) 連絡帳やお便り、保育参観・懇談会

とはいえ、慌ただしい朝夕の送迎時では、声を掛けそびれてしまうこともあれば、時間をかけて話ができないことも多いだろう。そこで活用するのが連絡帳やお便りである。保育所や幼稚園における日常的な子どもの様子、保育の様子、園全体の保育方針に基づいた保育者の思いを伝えていくこと、また、保育参観や懇談会(保護者会)をはじめ、子どもの姿や保育場面を見ることができるさまざまな機会について、積極的に参加を促していくことも大切な情報共有の一つである。

ただし、行事や発表会などの「イベント」の場合は、保護者が子どもたちの様子を直接見ることができ、理解を深めてもらう機会ではあるが、そういった場ばかりを多く設定するよりはむしろ、子どもの日々の成長の様子(心と身体の育ち)を個々の連絡帳や園だよりなどで丁寧に伝えていくことが、子育ての喜びや充足感、そして親としての育ちを促すことにもつながるのではないだろうか。

2．コミュニケーションスキル

先述したように、送迎時、連絡帳やお便り、懇談会、面談、行事などのさまざまな場面において、子どもや保護者の抱えている課題が明らかになることが多い。保育者は、子育ての過程で戸惑い、悩みやつらさを訴え、ときには自信をなくしている保護者(親)に対して、決して責めたり否定したりせず、現在の状況をありのままに受け止め、直面してい

る困難さと葛藤に共感し、保護者自身の力を引き出しながら課題を乗り越えていく支援をしていきたいものである。

　そのために、その状況や経過、家族関係等、さまざまな情報収集を行い、これから乗り越えるべき課題がどのようなものであるのか、保護者が自身の子育てにどのように向き合っていきたいと思っているのか、共に考えていく姿勢や態度が必要であると言えよう。

(1) 受容と傾聴、共感的理解へ

　保護者と向き合う際のコミュニケーションスキルの留意点、特に面接場面において保育者が身につけておくべき基本的態度には次のようなものが挙げられる。

　まず、保護者のありのままの姿を受け止め（受容）、一人の「人間」として尊重し、抱えている悩みや困難さを深く傾聴することである。傾聴する際には、途中で話を遮ったり、むやみに質問を入れたりせず、適度な促しやあいづちを入れながら進めることが望ましい。なお、保護者が落ち着いて話しやすい雰囲気や場所を設定することも忘れてはならない。

　そして、保護者の口から発せられる言葉だけではなく、その思いを引き出し、置かれている立場や状況に対して共感的に理解することが求められる。

(2) コミュニケーションスキル（言語と非言語）

　具体的なコミュニケーションスキルとしては、言語コミュニケーション（「繰り返し」「言い換え」「感情の反映」「要約」「質問」などの技法がある）と非言語コミュニケーションが挙げられる。言語コミュニケーションとは、音声や文字、非言語コミュニケーションとは、声のトーンや速さ、口調や言葉遣い、態度や表情、視線・アイコンタクト、身体的動作（身ぶりや手ぶりなどのボディランゲージ、手を握る・背中をさするなどの身体接触など）等を指す。相手を理解し（他者理解）、円滑なコミュニケーショ

ンと適切な支援を行っていくためには、どちらか一方だけではなく、この両者を組み合わせ、活用していくことが不可欠である。

第2節 課題を抱える家庭への支援

1．援助の展開過程

　家庭支援における援助の展開過程は、保護者の悩みや相談を聴いたり、保護者とのなにげない会話や様子の変化から気づくこと＝①生活課題の発見から始まる。その後、②インテーク（初回面接）に結びつけ、③アセスメント（事前評価）、④プランニング（計画の立案）、⑤介入・援助の実施とモニタリング、⑥事後評価と終結という流れで進められていく。

　中でもインテーク（初回面接）とアセスメント（事前評価）は、相談者との信頼関係を築き、援助に必要な情報を収集していく重要な過程（プロセス）である。その家庭にどのような生活課題が生じているのかを明らかにし、必要な支援を具体的に検討して実施へと結びつけていかなければならない。

2．事例を用いたケース検討

＜事例＞保育所・幼稚園で出会う気になる親子への支援
　ひかり保育所のK保育士は、保育士となって3年目であり、現在4歳児クラスの担任をしている。最近、クラスのNちゃんが休みがちなことが気になっている。Nちゃんは両親と小学2年生の兄との4人家族である。父親は中小企業で営業を担当しており、多忙なのか、保育所の送迎や行事にはほとんど顔を出さない。母親の両親は市内に住んでいるが、体調があまり良くないらしい。
　Nちゃんは、登園した日は元気に友達と遊んでいることもあるが、給食やおやつの時間になると元気がなくなり、食が進まないことが多い。Nちゃ

んに「どうしたの？」と聞いても、うつむいてはっきりとした答えは返ってこない。K保育士は、母親と話をしたいと思っているが、<u>送迎の時間に声を掛けても、「すみません、急いでいるので」と言って、保育士と目を合わさないようにそそくさと立ち去ってしまう。</u>

⇒考えてみよう
① Nちゃんの家庭に生じていると考えられる生活課題を挙げてみよう。
② 下線部分のようなとき、保育士はどのような対応を検討すべきだろうか。
⇒考えるヒント
家族の状況から想定される生活課題を挙げてみよう。また、Nちゃんの母親と情報を共有するために、どのような方法が考えられるだろうか。

このように、保育所や幼稚園において事例のような気になる親子に出会った場合には、まず、保護者の主訴を聴き、置かれている状況を明らかにしていく。そして課題の解決に必要な情報収集と、それらの情報を援助にどのように生かしていくかという評価を行い、状況に応じて適切な社会資源と結びつけることが求められる。ケース検討の際には、後述するアセスメントシートのポイントを踏まえながら、担任の保育士だけでなく、同僚、主任、園長（所長）とも情報を共有し、常にチームワークと連携をとりながら、その家庭にとって最適な支援の方向性を決定していかなければならない。

3．記　録

(1) 家庭支援における記録の意味

記録は、保育実践において欠かせない技法の一つである。記録することによって、子どもや家族の状況とその変化を的確に把握し、保育者どうし、専門職どうしでの情報共有ができるようになり、結果として、より良い保育実践、保育の質の向上へと結びつけることが可能となる。

記録にはさまざまな種類と形態があるが、ここでは、アセスメントにおける支援記録の基礎について学んでおきたい。

図表1　アセスメントシートに記入する「ポイントと支援の方向性」

```
＜ポイント＞
①保護者の育児の内容・程度（育児知識・技術・実行力・育児に対する意欲）
②親子関係を阻害する要因（どのような子どもか、愛着関係はどうなのか）
③社会的孤立はないか（近所、親族との関係など）
④育児基盤の問題（夫婦関係、経済、保護者の健康状態、居住状況）

＜支援の方向性＞
①家事・育児に協力できる人やサービスがあるか（必要か）どうか
②子どもとの関わりを学ぶ機会・支援があるか（必要か）どうか
③子どもについて定期的に医療機関等の関わりがあるか（必要か）どうか
④配偶者以外の相談者がいるか（必要か）どうか
⑤親子で出かけている場があるか（必要か）どうか
⑥公的な機関からの支援があるか（必要か）どうか
⑦配偶者からのサポート（相談者・育児の協力者として）があるか（必要か）どうか
⑧経済的に（生活の基盤が）安定しているかどうか、援助の可能性があるか
⑨保護者について定期的に医療機関等の関わりがあるか（必要か）どうか
⑩保護者が精神的に安定する方法がある（ストレスの解消方法を持っている）かどうか、
　支援の可能性があるか
```

出典：［東京都福祉保健局少子社会対策部、2005］を基に作成

(2) アセスメントシート

アセスメントシートは、子どもや保護者に関する情報をできる限り収拾し、一つのシートにまとめたものである。目的や機関によって差異があるが、主として図表1のような内容が含まれる。

(3) ジェノグラムとエコマップ

ジェノグラムは、支援対象である子育て家庭がどのような家族構成なのか、家族・親族関係を図式化したもの（家族関係図）である。エコマップは、どのような社会資源（ハード、ソフト）と結びついているのか、どのような支援（サービス）を利用しながら生活しているのか、家族を取り巻く関係機関・関係者を視覚的にとらえたものである（図表2）。

ジェノグラムとエコマップを一体的に表記する視覚化のメリットとして、一つは、支援を必要とする子育て家庭がどのような社会資源と結び

図表2　ジェノグラムとエコマップの作成

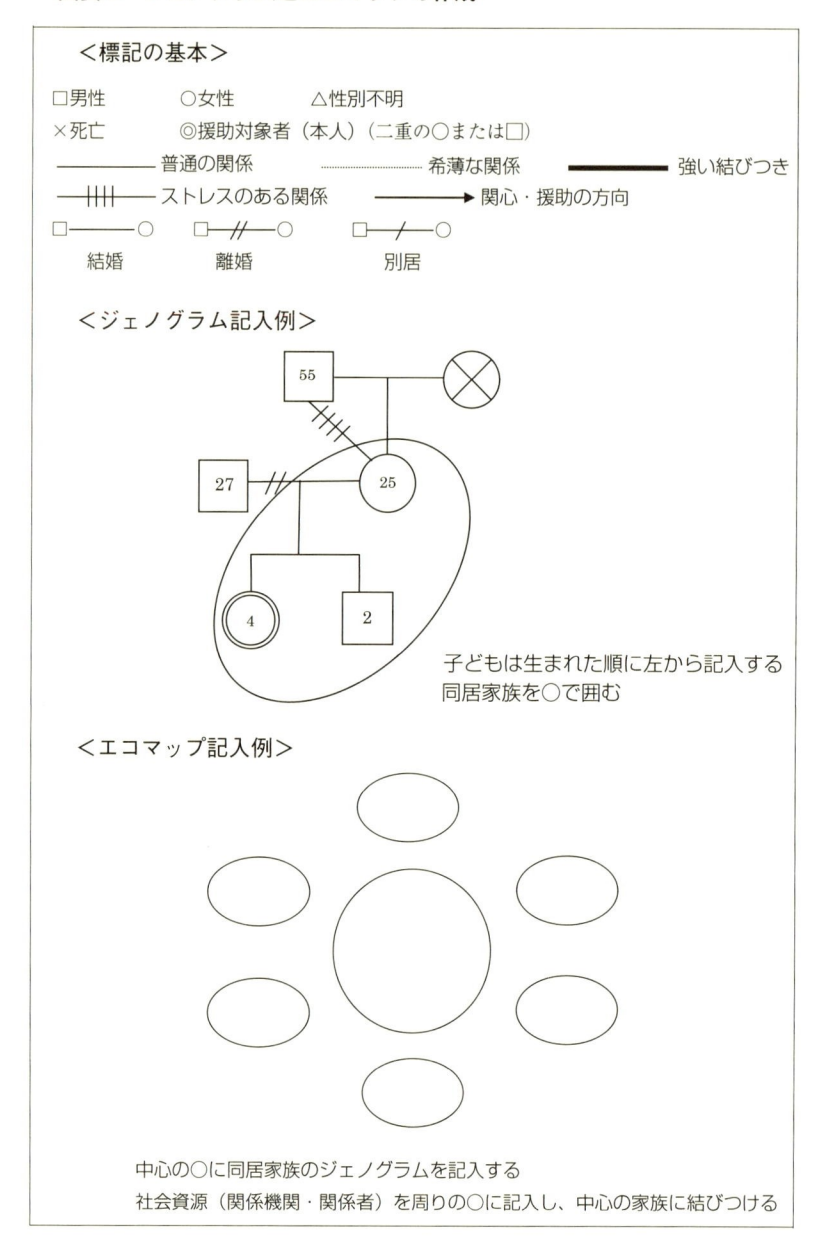

＜標記の基本＞

□男性　　○女性　　△性別不明
×死亡　　◎援助対象者（本人）（二重の○または□）
────── 普通の関係　　‥‥‥‥‥ 希薄な関係　　━━━━ 強い結びつき
──╫╫── ストレスのある関係　　──────▶ 関心・援助の方向

□───○　　□──//──○　　□──/──○
　結婚　　　　　離婚　　　　　別居

＜ジェノグラム記入例＞

子どもは生まれた順に左から記入する
同居家族を○で囲む

＜エコマップ記入例＞

中心の○に同居家族のジェノグラムを記入する
社会資源（関係機関・関係者）を周りの○に記入し、中心の家族に結びつける

ついているのかを把握できることが挙げられる。さらに、その状況を踏まえて、この先どのような社会資源を必要とするのかを明らかにし、対応していくためにも役立つ。

4．経過観察と継続的支援（フォローアップの必要性）

家庭支援の援助過程においては、保育者自身がどのように関わってきたのか、それによって子どもや保護者、家庭の状況はどのように変化してきたのか、また周囲の環境への働きかけはどのように行い、どのような効果が見られたのか（見られなかったのか）等、常に振り返りながら進めていかなければならない。

そして、終結、つまり「援助の終わり（援助を継続する必要がなくなった状態）」を迎えることになるが、その形もさまざまな場合が考えられる。課題が解決した場合だけでなく、途中で状況が変化し、他の専門機関に引き継いだ場合、子どもや保護者の事情により途中で援助が打ち切りになる場合等も少なからず発生する。さらに、課題が解決され終結を迎えても、その後、生活課題が再発生しないためのフォローアップも忘れてはならない。「悩んだとき、困ったときは、また声を掛けてください」「いつでもお話を聴きますよ」「一人でがんばりすぎなくてもいいんですよ」という受容の姿勢を相手に伝えること、援助終結後の状況についてもできる限り把握しておくこと、継続して定期的に声掛けをするなどの支援体制を整えておく等の配慮が不可欠である。

第3節　家庭支援の専門性と保育士の倫理

最後に、家庭支援を行うに当たり、保育者が専門職として常に踏まえておかなければならない「倫理」について述べておきたい。

1. プライバシーの尊重〜信頼関係の構築

　全国保育士会倫理綱領には、児童家庭福祉の専門職である保育士が守るべき倫理が8項目にわたって示されている（①子どもの最善の利益の尊重、②子どもの発達保障、③保護者との協力、④プライバシーの保護、⑤チームワークと自己評価、⑥利用者の代弁、⑦地域の子育て支援、⑧専門職としての責務）。

　例えば、「プライバシーの保護（秘密保持義務）」については、児童福祉法にも「保育士は、正当な理由がなく、その業務に関して知り得た人の秘密を漏らしてはならない。保育士でなくなった後においても、同様とする」（第18条の22）と規定されており、子どもやその保護者・家族のプライバシーの尊重、個人情報の取り扱いに関わる重要なものである。保育所や幼稚園において悩みを打ち明けたり、相談に訪れる人は皆、そのつらさや課題を「できれば話したくない」「周囲に知られたくない」という思いを抱えている。保育者は自分が見聞きしたそれらの情報（例えば、子ども自身のこと、子どもの家庭のこと、保育所・幼稚園で起きたことなど）を決して他の場所で話してはならない。

　なお、援助の初めには、個人情報や相談された内容については、決して周囲には漏らさないことを相手に伝え、安心して話してもらうという配慮も必要である。また、他の保育者（同僚、主任、園長など）と情報を共有する際や、他の専門機関や専門職とともにケース検討が必要な場合も、本人の了承を得なければならない。そういった一つ一つの丁寧な関わりが、信頼関係を築き、抱えている課題の円滑な解決への一歩となると言えよう。

2. 親子を支えるかけがえのない場所として

　全国保育士会倫理綱領にうたわれている項目は、その一つ一つが守られて当然の内容である。しかし、子育て家庭を取り巻く現実を見ると、

多かれ少なかれストレスを抱え、ときには虐待、貧困などさまざまな困難が生じており、「子どもの最善の利益」が守られていない状況も決して少なくない。今日の保育士の役割として、「地域社会において孤立する親子への支援」が掲げられているが、問題なのは、親子の孤立している状況が周囲には見えにくく（潜在化）、踏み込みにくいということである。

「子どもの自発性が芽生えてくるにつれ、『子どもを知らない』という現代の母親たちの戸惑いが増え、また子育てしにくい日本社会の現実が子育ての負担感を増大させている」[原田、2008]というように、保護者（特に母親）が抱える育児に対する葛藤や焦り、悩み（育児不安）は、子どもの年齢や成長過程に応じても変化する。初めは小さな、漠然とした不安感かもしれないが、放置しておくことによって、結果として深刻な生活課題をも招きかねないのである。それらの育児不安を受け止め、子育て初期の段階から子育て家庭の日常を支えていくしくみが必要であり、子どもと保護者にとって、保育所や幼稚園という保育施設が「頼ることのできる場所」＝かけがえのない大切な場所・存在、となっていかなければならない。そして保育者は、家庭が抱える困難さや課題に向き合ったとき、常に子どもや保護者が「主体」であることを忘れずに、専門職として何をすべきなのか、倫理綱領に立ち戻りながら支援していくことが求められていると言えるだろう。

【引用・参考文献】

伊藤良高・永野典詞・中谷彪編『保育ソーシャルワークのフロンティア』晃洋書房、2011年

小口将典「ソーシャルワーク実践における家族への臨床的面接」『愛知淑徳大学福祉貢献学部紀要』第1号、2011年、pp.29-37

塩谷香編著『保育者・子育て支援者のための家庭支援ガイド』ぎょうせい、

2011 年

須永進編著『事例で学ぶ保育のための相談援助・支援——その方法と実際』同文書院、2013 年

鶴宏史『保育ソーシャルワーク論——社会福祉専門職としてのアイデンティティ』あいり出版、2008 年

東京都福祉保健局少子社会対策部『子ども家庭支援センターガイドライン』2005 年

橋本好一・直島正樹編『保育実践に求められるソーシャルワーク』ミネルヴァ書房、2012 年

原田正文「子育ての過去・現在・未来」『そだちの科学』No.10、日本評論社、2008 年、pp.33-37

前田敏雄監修、佐藤伸隆・中西遍彦編『演習・保育と相談援助』みらい、2011 年

牧里毎治・山野則子編著『児童福祉の地域ネットワーク』相川書房、2009年

牧野桂一「保育現場における子育て相談と保護者支援のあり方」『筑紫女学園大学・筑紫女学園大学短期大学部紀要』第 7 号、2012 年、pp.179-191

吉田眞理『生活事例からはじめる相談援助』青踏社、2011 年

第9章
子育て支援制度の概要

森合　真一

第1節 子育て支援施策の基本的視点

　わが国がこれまで行ってきた子育て支援施策は、少子化対策と保育施設における子育て支援策、ならびに保育に欠ける児童の福祉を中心に展開されてきた。これらの動向を見ると、子育てを私的な出来事と捉えて支援や介入を控える考え方から、社会的な出来事と捉えて社会的支援と介入を行う方向への転換と見ることができる。子育ての私的責任を強調しすぎたことが、少子化や児童虐待の社会問題化をもたらしたのではないかという反省から、子育ての社会的意義を強調し、必要な支援や介入を積極的に進める方向にシフトしていることを理解することができる。

1. 少子化対策としての子育て支援施策

　1994年、政府はいわゆる「エンゼルプラン」を策定し、1999年には「新エンゼルプラン」「健やか親子21」「男女共同参画基本計画」などの子育て家庭支援策を制定していった。そして2004年6月の「少子化社会対策大綱」、同年12月のいわゆる「子ども・子育て応援プラン」の閣議決定に結実していった。

　2008年には、「新待機児童ゼロ作戦」が策定され、2010年には、「少子化社会対策基本法」に基づく新たな大綱として、子どもと子育てを応援する社会への実現に向けた「子ども・子育てビジョン」が閣議決定され、目指すべき社会への政策4本柱と12の主要施策、そしてそれぞれの施策に関する数値目標が示された。

2. 保育・教育施設における子育て支援策

　少子化、核家族化などの社会状況の変化により、親族による子育ての手助けや地域社会のつながりが希薄化し、保護者の子育てへの不安や孤

立感の高まりなど、さまざまな状況が指摘されている。そのため、家庭や地域における生活を含めた生活全体を豊かにし、すべての子どもたちの健やかな成長を確保していくことを目指し、地域の実態や保護者および地域の人々の要請を踏まえて、保育・教育施設がその機能を発揮し子育て支援に努めていくことが大切である。

(1) 保育所の子育て支援関連

2008年、児童福祉法改正による子育て支援事業として、乳児家庭全戸訪問事業、地域子育て支援拠点事業（一般型、連携型、地域機能強化型）、養育支援訪問事業、一時預かり事業および家庭的保育事業が法定化された。同年、保育所保育指針が改定・施行され、保育士による保護者支援について、保育所保育指針第6章に「保育士等の業務であり、その専門性を生かした子育て支援の役割は、特に重要」と定められた。

(2) 幼稚園の子育て支援関連

2006年の教育基本法の改正によって、家庭教育の自主性を尊重しつつ、家庭教育の役割の重要性をうたい、国・地方公共団体が福祉分野や各種団体などの関わり合いの中で家庭教育を支援し、充実させていく必要があることが確認された（同法第10条「家庭責任」）。また、幼稚園だけでなく保育所や家庭教育を含めて、就学前教育を充実させていかなければならないという観点から、幼児期教育の重要性が強調された（同法第11条「幼児期の教育」）。

近年の教育改革論議では義務教育の問題が焦点になることがあるが、就学後教育の基盤としての幼児期は極めて重要な時期であり、新入生が学校になじめず騒いだりしてしまう「小1プロブレム」も、幼児期の教育が関わっているという指摘もある。

(3) 就学前の子どもに関する教育、保育等の総合的な提供の推進に関する法律（認定こども園法）

認定こども園とは、幼稚園および保育所等における子どもに対する教育および保育ならびに保護者に対する子育て支援の総合的な提供を推進するための措置を講じることにより、地域において子どもが健やかに育成される環境の整備に資することを目的に設置されている。すなわち、幼稚園機能、保育所機能、子育て支援機能を併せ持つ施設である。

3．児童の健全育成に関する支援策

一方、子育てや家庭内の出来事に社会が介入するしくみの整備が進められた。具体的には、増え続ける児童虐待や配偶者虐待に対応するため、2000年には「児童虐待の防止等に関する法律」、2001年には「配偶者からの暴力の防止及び被害者の保護に関する法律」が相次いで施行された。この2本の法律は、2004年、2007年に、親子間、配偶者間に対する公的介入の強化を図る改正が行われている。

第2節　子育て支援に関する多様な法律

わが国の子育て支援サービスは、児童福祉法を基本にさまざまな法令や専門職によって総合的に進められている。そこで、本節においては児童家庭福祉に関わる法律の基礎構造を解説する。

1．児童家庭福祉の法体系（児童福祉六法）

児童家庭福祉は、日本国憲法を基本として各種法律、政令、省令、通知などにより総合的・体系的に推進されている。児童福祉に直接関わる法律としては、「児童福祉法」をはじめ「児童扶養手当法」「特別児童扶養手当等の支給に関する法律」「母子及び寡婦福祉法」「母子保健法」「児

童手当法」があり、これらは「児童福祉六法」といわれている（これら以外にも関連する法律は、社会福祉、教育、労働、社会保険、司法、公衆衛生など多岐にわたっている）。

(1) 児童福祉法

児童福祉法は、次代の社会の担い手である児童一般の健全な育成と福祉の積極的増進を基本精神とする児童福祉に関する基本的な法律である。同法は、児童福祉の原理について、次のように規定している。

> 児童福祉法
> 第1条　すべて国民は、児童が心身ともに健やかに生まれ、且つ、育成されるよう努めなければならない。
> 2　すべて児童は、ひとしくその生活を保障され、愛護されなければならない。
> 第2条　国及び地方公共団体は、児童の保護者とともに、児童を心身ともに健やかに育成する責任を負う。
> 第3条　前2条に規定するところは、児童の福祉を保障するための原理であり、この原理は、すべて児童に関する法令の施行にあたつて、常に尊重されなければならない。

また、原則として満18歳に満たない者を「児童」と規定し、次のように区分している（同法第4条）。

・乳児：満1歳に満たない者
・幼児：満1歳から、小学校就学の始期に達するまでの者
・少年：小学校就学の始期から、満18歳に達するまでの者

(2) 児童扶養手当法

父または母と生計を同じくしていない児童の家庭生活の安定と自立の促進に寄与するため、その児童について児童扶養手当を支給することにより、児童の福祉の増進を図ることを目的としている。

手当額は所得に応じて限度額が異なり、一部支給の手当額は所得に応

じてきめ細かく定められている。例えば、母親と子ども1人の母子世帯の場合、収入が130万円（所得額では57万円）未満の場合には全額が支給され、130万円以上365万円（所得額では57万円以上230万円）未満の場合には一部額が支給される。また、第2子については月額5000円、第3子以降は1人につき月額3000円が加算される。

(3) 特別児童扶養手当等の支給に関する法律

障害児（者）の経済的な支援施策として、精神または身体に障害を有する児童について特別児童扶養手当を、精神または身体に重度の障害を有する児童に障害児福祉手当を、また、精神または身体に著しく重度の障害を有する者に特別障害者手当を支給する。それにより、これらの者の福祉の増進を図ることを目的に、障害児の父母でその障害児を監護する者、または父母がないか監護しない場合は、障害児を養育する者に対して支給される。ただし、児童が日本国内に住所を持たない場合や障害年金の給付がある場合、前年所得が政令に定める額を上回る場合、児童が施設入所している等の場合は支給されない。

(4) 母子及び寡婦福祉法

この法律は、1964年に母子福祉法として施行され、1981年の改正により、母子家庭に加えて寡婦に対しても福祉の措置が取られるようになり、現行の名称となった。母子家庭および寡婦の生活の安定と向上のために必要な措置を講じることによりこれらの者の福祉の増進を図ることを目的として、母子（寡婦）福祉資金の貸し付け、母子福祉施設（母子福祉センター、母子休養ホーム）、母子自立支援員の設置などについて規定している。また、2002年の改正において、法の対象となる母子家庭に父子家庭を含むことになり、父子家庭も生活支援サービスを受けられるようになった。

(5) 母子保健法

母性および乳幼児の健康を守り、向上させるため、母子保健に関する原理を明らかにするとともに、母性ならびに乳児、幼児に対する保健指導、健康診査、医療その他の措置を講じ、国民保健の向上に寄与することを目的に、すべての児童が健やかに生まれ、育てられる基盤となる母性を尊重・保護し、乳幼児が心身ともに健全な人として成長していくために、その健康が保持増進されなければならないとしている。

(6) 児童手当法

児童の養育者に児童手当を支給することにより、家庭における生活の安定に寄与するとともに、次代の社会を担う児童の健全な育成および資質の向上に資することを目的としている。

手当額は、0歳から3歳までは月額で一律1万5000円、3歳から小学校修了までは第1子・第2子に1万円、第3子以降に1万5000円、中学生には一律1万円が支給される（所得制限あり）。

2．保育・教育施設における子育て支援関連法

(1) 保育所における子育て支援の推進

1997年の児童福祉法改正により、保育所は地域住民に対して乳幼児の保育に関する情報提供、相談・助言を行うことが努力義務とされ、2003年11月から保育士が児童福祉法に基づく資格となったときに、保育士の業務は、児童の保育と保護者に対する保育指導の2つであると定められた。この法改正に基づき、2008年の保育所保育指針の改定において、保育所には保育と同時に、「入所する子どもの保護者に対する支援」の責務と「地域の子育て家庭に対する支援」という努力義務があることが明記された。

> 児童福祉法　第18条の4
> 　この法律で、保育士とは、第18条の18第1項の登録を受け、保育士の名

称を用いて、専門的知識及び技術をもつて、児童の保育及び児童の保護者に対する保育に関する指導を行うことを業とする者をいう。

(2) 幼稚園における子育て支援の推進

地域における幼児期教育のセンターとして、幼稚園の教育課程にとどまらず子育て支援に対する取り組みにも努めるため、2007年、学校教育法が改正され、幼稚園の役割として子育て支援が位置づけられた。また、2008年3月には、子育て支援のいっそうの充実を目指した幼稚園教育要領の改訂が行われ、預かり保育が教育活動として適切な活動となるよう具体的な留意事項が示された。

> **幼稚園教育要領**
> 第1章　総則
> 第3　教育課程に係る教育時間の終了後等に行う教育活動など
> 　幼稚園は、地域の実態や保護者の要請により教育課程に係る教育時間の終了後等に希望する者を対象に行う教育活動について、学校教育法第22条及び第23条並びにこの章の第1に示す幼稚園教育の基本を踏まえ実施すること。また、幼稚園の目的の達成に資するため、幼児の生活全体が豊かなものとなるよう家庭や地域における幼児期の教育の支援に努めること。
>
> 　第3章　指導計画及び教育課程に係る教育時間の終了後等に行う教育活動などの留意事項
> 第2　教育課程に係る教育時間の終了後等に行う教育活動などの留意事項
> 　1　地域の実態や保護者の要請により、教育課程に係る教育時間の終了後等に希望する者を対象に行う教育活動については、幼児の心身の負担に配慮すること。（以下略）
> 　2　幼稚園の運営に当たっては、子育ての支援のために保護者や地域の人々に機能や施設を開放して、園内体制の整備や関係機関との連携及び協力に配慮しつつ、幼児期の教育に関する相談に応じたり、情報を提供したり、幼児と保護者との登園を受け入れたり、保護者同士の交流の機会を提供したりするなど、地域における幼児期の教育のセンターとしての役割を果たすよう努めること。

(3) 認定こども園

2004年「就学前の子どもに関する教育、保育等の総合的な提供の推進に関する法律」(いわゆる認定こども園法)の成立に伴ってスタートした認定こども園では、教育と保育と子育て支援の3つを総合的に提供することとしている。また、付設する地域子育て支援センターでは、相談活動を行うこと、親子の集う場を週3日以上開設することなどが定められている。

> 認定こども園法　第1条
> 　この法律は、我が国における急速な少子化の進行並びに家庭及び地域を取り巻く環境の変化に伴い、小学校就学前の子どもの教育及び保育に対する需要が多様なものとなっていることにかんがみ、地域における創意工夫を生かしつつ、幼稚園及び保育所等における小学校就学前の子どもに対する教育及び保育並びに保護者に対する子育て支援の総合的な提供を推進するための措置を講じ、もって地域において子どもが健やかに育成される環境の整備に資することを目的とする。

3. その他の子育て支援関連法

(1) 児童虐待の防止等に関する法律（児童虐待防止法）

児童虐待の問題について適切かつ円滑に対処するためには、児童福祉法のみならず新たな法制化が必要であるとして、2000年5月、「児童虐待の防止等に関する法律」が議員立法により制定され、同年11月施行された。この法律では、児童虐待の防止等に関する国や地方公共団体の責務、児童虐待の定義、関係者による早期発見、児童相談所による児童の早期安全確認などが規定されている。

(2) 発達障害者支援法

自閉症、アスペルガー症候群などの広汎性発達障害、注意欠陥多動性障害（ADHD）、学習障害（LD）などの発達障害児（者）に対する福祉サー

ビスは、従来、知的障害児（者）施策の一部として部分的に提供されてきた。しかし、知的障害を伴わない場合には施策の対象外とされるなど、対応が不十分であったことから、2004年12月、「発達障害者支援法」の制定により、発達障害児（者）の自立と社会参加等に資するための各種施策が展開されることとなった。この法律には、発達障害児（者）への支援における国・地方公共団体の責務、早期発見・発達支援・保育・教育・就労等の支援施策、発達障害に関する相談・助言・発達支援等を専門的に行う発達障害者支援センターに関する規定などが設けられている。

(3) 少年法

20歳未満の少年を健全に育成し、非行のある少年に対しては性格の矯正および環境の調整を図るための保護処分を行うことなどを目的とした法律である。この法律には、審判に付すべき少年、調査や審判などの手続き、保護処分などに関する規定が設けられている。

なお、少年法でいう少年とは「20歳に満たない者」とされており、児童福祉法上の児童より年齢幅の広い定義となっている。また、家庭裁判所の審判に付すべき少年として非行少年を3つに整理することで、それらに応じた対応が取られるしくみが設けられている（同法第3条）。

・犯罪少年：罪を犯した少年
・触法少年：14歳に満たないで刑罰法令に触れる行為をした少年
・虞犯少年：次に掲げる事由があって、その性格又は環境に照らして、将来、罪を犯し、又は刑罰法令に触れる行為をする虞のある少年
　イ　保護者の正当な監督に服しない性癖のあること。
　ロ　正当の理由がなく家庭に寄り附かないこと。
　ハ　犯罪性のある人若しくは不道徳な人と交際し、又はいかがわしい場所に出入すること。
　ニ　自己又は他人の徳性を害する行為をする性癖のあること。

第3節 次世代育成支援施策の展開・拡充

1．子育て支援から次世代育成支援施策の推進へ

　まず、2003年に成立した少子化社会対策基本法に基づき、少子化社会対策大綱や子ども・子育て応援プランが策定された。また、同年の児童福祉法一部改正では、子育て支援事業を法定化し、そのコーディネート機能を市町村に付与した。2001年に閣議決定された「仕事と子育ての両立支援策の方針について」は、仕事と子育ての両立がしやすい多様な雇用形態や待遇、弾力的な労働時間制などへの取り組みを推進し、一方で保育所待機児童問題の解消を図るための施策を打ち出している。

　また、「少子化社会対策基本法」や、翌年に閣議決定された「少子化社会対策大綱」は、新たな子育て関連施策の方向性を決定づけた。少子化社会対策基本法は、少子化社会において講じられる施策の基本理念を明らかにし、少子化に的確に対処するための施策を総合的に推進することを目的としている。そして、政府は少子化に対処するための施策の指針として総合的かつ長期的な施策の大綱を定めなければならないと規定し、2004年6月4日に少子化社会対策大綱が閣議において決定された。これは、わが国の少子化対策の基本となるもので、今後、少子化の流れを5年間で変えるために、4つの重点課題と、それらを実現するために着手すべき28の行動が定められている。

　さらに、2006年に策定された「新しい少子化対策について」では、少子化対策に向けての社会全体の意識改革や子どもと家族を大切にするという視点に立った施策の拡充がうたわれ、2010年1月には、市町村の計画に基づく整備量を参考に「子ども・子育てビジョン」が策定された。

2．次世代育成支援施策の方向性

　2003年「次世代育成支援対策推進法」が制定された。この法律は2015年3月31日までの時限立法となっているが、法定化されたことで社会全体の取り組みとして位置づけられた。さらに、この法律に基づく行動計画では、5年ごとに策定が義務づけられる都道府県行動計画と市町村行動計画に加えて、常用雇用者が301人以上の企業には一般事業主行動計画の策定が義務づけられたことで、男女の働き方の見直しを含む総合的な支援体制の確立が目指されることとなった。

　そもそも次世代育成支援とは「家庭や地域の子育て力の低下に対応して、次世代を担う子どもを育成する家庭を社会全体で支援すること」（少子化対策推進関係閣僚会議）と定義される。言い換えれば、有史以来綿々と続けられてきた、いわゆる「生命の循環」を再生するものである。このような問題意識から「次世代育成支援」という施策の推進が図られている。

　さらに、次世代育成支援対策推進法は、地域における子育て支援サービスの整備目標を盛り込んだ「次世代育成支援地域行動計画」の策定を全ての都道府県と市町村に義務づけた。また、国および地方公共団体等（特定事業主）ならびに従業員301人以上の事業主（一般事業主）も、育児休業や子どもの看護休暇などに関する事業主行動計画を策定することとしたものである。

　2008年の次世代育成支援対策推進法の改正において、一般事業主行動計画の策定、公表の義務化を従業員101人以上の企業にも適用する改正が行われた。そして、これらの法改正を受けて2011年度から、次世代育成支援後期行動計画が全国の地方公共団体で一斉に展開されている。

　この計画の策定ならびにモニターをする機関として、民間の人々から成る次世代育成支援対策地域協議会が地方公共団体に設置され、進捗状況などの評価が実施されている。なお、次世代育成支援対策推進法に基

づく行動計画指針においては、都道府県が策定する次世代育成支援後期行動計画に社会的養護の質・量に関する充実について盛り込んでいくべきことも規定されている。

3．要保護児童福祉の充実

　児童家庭福祉は、地域に幅広い子育ち・子育て支援サービスを用意し、それらのサービスを上手に活用した子育てができるよう、市町村が中心となって支援していくこと、孤立して援助を拒む親子には、回復のプロセスに乗せていく体制を司法と連携しながら整備し、困難な問題に対しても専門的なケアを用意することが求められる。

　要保護児童福祉の充実に向け、2007年の児童虐待の防止等に関する法律の改正、2008年の児童福祉法の改正ならびに社会的養護の充実も図られた。家庭で育てられない児童に対しては、家庭に代わる環境として、小規模化、地域化された社会的養護サービス、例えば、里親制度や小規模住居型児童養育事業（ファミリーホーム）などの充実が必要とされている。これらの施策を充実させるため、2008年の児童福祉法一部改正では、子育て家庭に対し、「乳児家庭全戸訪問事業」「養育支援訪問事業」「地域子育て支援拠点事業」などが新たに子育て支援事業として法定化され、一般家庭で小規模の保育を行う「家庭的保育事業」の制度化、里親制度の見直しなどの社会的養護の充実が図られることとなった。

4．これからの次世代育成支援施策

　次世代育成支援対策推進法は、次世代支援対策の基本となるもので、法制面において国・地方公共団体や企業をはじめ、社会全体で子育て支援が推進される方向性を明確にした。併せて「育児休業、介護休業等育児又は家族介護を行う労働者の福祉に関する法律」を改正し、3歳未満児の保育を行う労働者に対する育児休業取得、父母ともに育児休業を取得する場合の期間を延長することとした（パパ・ママ育休プラス）。

2012年8月に「子ども・子育て三法」（子ども・子育て支援法、認定こども園法の改正法、関係法律の整備法）が公布され、2016年4月1日までに、政令で定める日から新システムが導入されることになっている。子ども・子育て支援法に規定されている「地域子ども・子育て支援事業」では、従来から実施されていた子育て支援関連の事業に新たな事業を加えて法制化しており、地域の実情に応じて市町村が柔軟に対応できるようにしている。

　さまざまな社会的支援が検討され、行政が積極的に事業を実施するなどフォーマルな支援を積極的に利用する時代へと変化している。政策的にも「仕事と家庭・育児の調和（ワーク・ライフ・バランス）」を志向する時代となった。保育所の充実だけではなく、ライフスタイルに応じて利用できるサービスが求められている。

　一方、子どもをめぐる問題は深刻化しており、子ども自身の迷いや叫びへの対応も子育て家庭への新たな支援として浮かび上がっている。つまり、次世代育成支援は一般化していく一方で、専門性を求める層も広がりを見せている。そして、問題が発生する前または問題が深刻化する前に、予防の観点から自己解決能力を高めるというエンパワメントの視点に立った体制を構築することが求められている。

【参考文献】

柏女霊峰『子ども家庭福祉論〔第3版〕』誠信書房、2013年

吉田眞理『児童の福祉を支える児童家庭福祉』萌文書林、2010年

第10章
子育て支援における関係機関や人との連携

寅屋　壽廣

第1節 多様な支援の展開を支える社会資源

1．家庭を取り巻く現状

　これまでに学んできたように、少子・高齢化、核家族化、共働き家庭の増加、ひとり親家庭の増加、地域社会の希薄化など、社会や地域・家庭の変化に伴い、現在の社会は、私たちが日常生活を送るうえでさまざまな困難に直面しやすい状況になっている。

　子どもの発達状況や子どもへの接し方など、ちょっとした悩みや不安が生じた場合、自分の両親や近所の人たちに気軽に尋ねることができ、すぐに問題解決することができた時代から、近隣に相談する相手もおらず、どこに相談に行ったらよいかも分からないため、悩みを抱えたまま生活する時代になっている。

　さまざまな悩みや課題を抱えた人たちが、気軽に相談できる場所や人、制度など、利用しやすい社会資源が身近にあれば、安全・安心に生活することが可能となる。保育者となる皆さんは、子育て支援のためにどのような社会資源があるのかをしっかりと把握し、相談を受けた場合に、正確にその情報を伝えることができるということが求められている。

2．社会資源とは

　社会資源とは、私たちが日常生活を送るうえでさまざまな困難に直面したときの問題解決やニーズを満たすために活用できるヒト、モノ、カネ、制度等のことである。具体的には、児童相談所や福祉事務所などの専門的支援機関、児童養護施設や児童館、保育所、子育て支援センターなどの施設、民生委員・児童委員、保育士、ボランティアなどの人材、児童扶養手当や児童手当、母子・寡婦福祉資金の貸し付け、生活保護費

などの金銭の受給、一時保育や病児・病後児保育、ショートステイなどを利用することのできる制度等のことである。

例えば、幼児を連れて母子家庭となった場合、働くことが必要となる。働きに行くためには子どもを預けなければならない。このために保育所の利用が必要となる。また、子どもが病気になった場合は、病児・病後児保育の利用が必要となる。

さらに、これまでに働いた経験もなく、何の資格も持っていなければ職業訓練を受けることが必要となる。また、一生懸命働いたとしても、わずかな給料しか得られない場合、児童扶養手当や生活保護を受給しなければ生活が成り立たない。

一方、住居の問題も出てくる。母子生活支援施設で暮らす、あるいは母子家庭優先枠を活用して公営住宅で生活するといったように、各種の社会資源を利用することで、それぞれの人の課題やニーズに応じた生活が保障されるのである。

第2節 社会資源としての専門的支援機関と人

子育て支援のための社会資源としては、公的なものと私的なものがあるが、ここでは主に公的な専門的支援機関である児童相談所、福祉事務所、保健センター、児童福祉施設、児童福祉センターとそれに関わる人について概説する。

1．児童相談所

児童相談所は、児童福祉法第12条に定められている児童福祉の第一線機関であり、都道府県および指定都市に設置が義務づけられており、中核市や政令で定められた市は設置することができることになっている。

児童相談所は、市町村と適切な役割分担・連携を図りながら、子ども

(18歳未満) に関する家庭その他からの相談に応じて、子どもが抱えている問題や子どもの真のニーズ、子どもが置かれている状況等を的確に捉えて援助を行い、その子どもの福祉の向上と権利を擁護する事務を行っている。2013年1月現在、児童相談所は全国で207カ所が設置されているが、中核市等での設置はあまり進んでいない。

　児童相談所では、児童福祉司、児童心理司、医師などが相談に応じ、必要な調査や医学的、心理学的、教育学的、社会学的、精神保健上の判定を行い、それに基づいて必要な指導や児童福祉施設への入所措置などを行うほか、児童虐待への緊急対応や一時保護などの業務を行っている。

　相談の内容は多岐にわたり、①児童虐待に関する相談、②保護者の病気等のために養育に困っているという養護相談、③子どもが未熟児や虚弱児、小児喘息があるなどの保健相談、④子どもの発語が遅いなど言語に関する相談や運動発達の遅れに関する相談、⑤知的発達障害やこだわりが強いなど知的な問題に関する障害相談、⑥うそをつく、お金を盗む、飲酒、喫煙をするなどの非行相談、⑦学校や幼稚園に行けない、育児で悩んでいる、子どもとどのように遊べばよいのか分からないなどの育成相談等、子どもに関するあらゆる相談に対応している専門的支援機関である。

　なお、2005年4月から、児童相談に応じることが市町村の業務として位置づけられ、児童相談所の業務は、専門性の高い事例への対応や市町村の後方支援を行うこととされた。

2．福祉事務所

　福祉事務所は、社会福祉法第14条に定められている福祉に関する事務所のことであり、都道府県、市（特別区）に設置が義務づけられているが、町村の設置は任意である。都道府県の設置する福祉事務所は、生活保護法、児童福祉法、母子及び寡婦福祉法に定める援護または育成の措置に関する事務を行っている。市町村の福祉事務所は、生活保護法、児童福

祉法、母子及び寡婦福祉法、老人福祉法、身体障害者福祉法、知的障害者福祉法のいわゆる福祉六法に定める援護、育成または更生の措置に関する事務を行っている。2014年4月現在、都道府県福祉事務所208、市福祉事務所996、町村福祉事務所43、計1247カ所が設置されている。

　福祉事務所は、福祉の総合デパートのような存在で、福祉六法以外にも介護保険に関することや民生委員・児童委員に関すること、災害救助に関すること、人権啓発に関すること、配偶者からの暴力に関する相談、社会福祉協議会、障害者団体などの関係団体の育成指導に関することなどさまざまな業務を担当している。職員は、所長のほか、査察指導員、現業員、面接指導員、身体障害者福祉司、知的障害者福祉司、老人福祉指導主事、家庭児童福祉主事、家庭相談員などが配置されている。

　なお、福祉事務所には家庭児童相談室が設置されており、家庭相談員や社会福祉主事が職員として配置され、子どもを育てるうえでのさまざまな問題を抱える親に対して助言や指導を行っている。

3．保健センター

　保健センターは、地域保健法第18条に基づき市町村が設置できることになっている。主な業務としては、住民に対し、健康相談、保健指導および健康診査その他地域保健に関し必要な事業を行うことを目的としており、対人サービスが基本となっている。地域における母子保健・老人保健の拠点であり、市町村レベルにおける健康づくりの場として位置づけられている。

　また、児童福祉法第10条で、市町村の業務として、児童および妊産婦の福祉に関し必要な実情の把握に努めること、必要な情報の提供を行うこと、家庭その他からの相談に応じ、必要な調査および指導を行うことならびにこれらに付随する業務を行うことが規定されており、これらの業務は保健センターが中心となって実施している。

　なお、家庭支援に関わる具体的な業務としては、新生児訪問、4か月

児健診、1歳6か月児健診、3歳児健診などを行っている。また、生後4か月までの乳児のいる全ての家庭を訪問し、育児等のさまざまな不安や悩みを聞き相談に応じるほか、子育て支援に関する情報提供等を行う乳児家庭全戸訪問事業（こんにちは赤ちゃん事業）、母親どうしの交流や情報提供のための子育て広場の開設、離乳食教室や子育て教室、両親学級なども保健センターで実施している。職員としては、保健師が中心となって活動しており、保健センター長は医師でなくてもよい。

　保健所は、地域保健法第5条に基づき、都道府県、政令指定都市、中核市、特別区などが設置することになっている。取り扱う業務は地域保健法に規定されており、地域保健に関する思想の普及および向上に関する事項、母性および乳幼児ならびに老人の保健に関する事項、精神保健に関する事項、その他地域住民の健康の保持および増進に関する事項などである。所長は原則として医師であることが必要で、歯科医師、獣医師、薬剤師、保健師、管理栄養士などの職員が配置されている。

4．児童福祉施設

（1）児童福祉施設

　児童福祉施設は、児童福祉法第7条に定められている施設で、助産施設、乳児院、母子生活支援施設、保育所、児童厚生施設、児童養護施設、障害児入所施設、児童発達支援センター、情緒障害児短期治療施設、児童自立支援施設および児童家庭支援センターがあり、児童の保護、育成、生活指導、訓練、治療などを行っている。

　これらの施設は、子育て中の保護者の身近なところにあること、また、これまでに培ってきた子育てのノウハウや、障害児に関する専門的な知識などが蓄積されていることから、子育て相談をはじめとする各種相談に積極的に応じている。

　職員としては、保育士、児童指導員、家庭支援専門相談員、心理職員、セラピスト、作業療法士、医師、看護師、栄養士、児童生活支援員、児

童厚生員などがそれぞれの目的に応じて配置されている。

(2) 児童家庭支援センター

児童家庭支援センターは、児童福祉法第44条の2に基づく施設で、児童相談所・市町村と連携しながら、地域に密着したきめ細かな支援活動を行っている。児童養護施設に併設されていることが多い。

具体的な業務内容は、①地域の児童の福祉に関するさまざまな問題について、電話相談等の個別相談、グループ相談、講座開催など地域・家庭からの相談に応じる事業、②乳幼児健診や家庭訪問事業、発達障害児の支援教室への職員派遣等を実施している市町村の求めに応ずる事業、③児童相談所による定期的な指導が困難な児童・家庭や、施設退所後間もない児童などを対象に、都道府県または児童相談所からの受託によって継続的な指導措置が必要であるとされた児童・家庭について指導措置を行う事業、④里親やファミリーホームからの相談に応じて必要な支援を行う事業、⑤問題の早期発見・対応、児童や家庭に対するきめ細かな支援のため、さまざまな分野の機関との連携・連絡調整事業等である。

職員は、運営管理責任者のほか、相談・支援を担当する職員2名、心理療法等を担当する職員1名が配置されている。

5．児童福祉センター

児童福祉センターは、子どもに関係する機関や施設を併設して運営している複合施設の名称である。

例えば、札幌市児童福祉総合センターは、児童相談所、発達医療センター（運動発達が遅い、言葉がなかなか出ない、上手に歩けないなど、子どもの発達に関する問題に対応する医療機関）、児童発達支援センター（地域の障害のある児童を通所させて、日常生活における基本的動作の指導、自活に必要な知識や技能の付与または集団生活への適応のための訓練を行う施設）から成っている。

名古屋市児童福祉センターは、児童相談所、中央療育センター、くすのき学園から成り、神戸市総合児童センターは、児童相談所、大型児童館から成っている。
　職員は、それぞれの機関や施設に必要な有資格者が配置されている。

第3節　社会資源としての地域活動と人

　専門的支援機関を利用するほどではない、ちょっとした子育ての悩みや相談については、私たちが日常生活を送っている身近な地域の中に、社会資源として社会福祉協議会や子育てサロン、子育てサークルなどが存在している。また、常に住民の立場に立って相談に応じてくれる民生委員・児童委員もいる。これらの役割について学んでいく。

1．社会福祉協議会

　社会福祉協議会は、社会福祉法第108条～第111条に基づく、地域福祉の推進を図ることを目的とした民間組織の団体であり、中央に全国社会福祉協議会が、都道府県に都道府県社会福祉協議会が、市区町村に市区町村社会福祉協議会が組織されている。
　多くの社会福祉協議会が取り組んでいる子育て支援に関する事業や活動としては、①ボランティア活動、ボランティアの普及活動に関する支援、②心配ごと相談等の相談事業、③近隣住民の訪問活動などによる小地域での見守りネットワークづくり、④家族会の組織化や運営の援助、⑤生活福祉資金の貸し付けなどである。
　職員として、福祉活動専門員、ボランティアコーディネーター、地域福祉担当職員などが配置されている。また、民生委員・児童委員も活動の一翼を担っている。

2．民生委員・児童委員

　民生委員は、民生委員法に基づき市町村の区域に置かれている民間の奉仕者で、社会奉仕の精神をもって、常に住民の立場に立って生活の相談に応じるとともに必要な援助を行い、社会福祉の増進に尽力することが任務となっている。児童福祉法第16条に基づき、民生委員が児童委員を兼ねていることから、民生委員・児童委員と呼ばれている。

　児童委員の職務は、児童および妊産婦について、生活や環境を適切に把握し、保護、保健、その他の福祉に関し、サービスが適切に利用できるように情報の提供、援助、指導を行うとともに、児童福祉司または福祉事務所の社会福祉主事の行う職務に協力することなどである。

　なお、1994年から、児童福祉に関する事項を専門的に担当する主任児童委員が設置された。主任児童委員は、児童の福祉に関する機関と区域担当の児童委員との連絡調整を行うとともに、区域担当の児童委員の活動に対する援助および協力を行うことが職務とされている。

3．子育てサロン・子育てひろば

　福祉センターなどの公共施設、空き店舗、保育所や児童館などの児童福祉施設等を使って、子育て中の親子の交流促進、育児相談等が、地域子育て支援拠点事業として「子育てサロン」「子育てひろば」で取り組まれている。

　事業の実施形態としては、「一般型」「連携型」「地域機能強化型」に分かれているが、①子育て親子の交流の場の提供と交流の促進、②子育て等に関する相談・援助の実施、③地域の子育て関連情報の提供、④子育ておよび子育て支援に関する講習等の実施（月1回以上）事業が、全てのところで行われている。

　このほか、未就学児を持つ家庭への訪問活動、出張ひろばの開設、子育てサークルや子育てボランティアの育成・支援、高齢者・地域学生等

との多様な世代間交流、さまざまな地域住民、団体との支援・協力関係を構築していく事業などを行っている。

職員の配置は、「一般型」では、子育て親子の支援に意欲のある子育ての知識と経験を有する専任の職員が2名以上配置されている。

4．子育てサークル

親どうしがお互いに子育ての悩みを話し合ったり、子育て情報を交換したり、子どもの友達を作るために、自主的に活動しているサークルのことで、育児サークルとも呼ばれている。サークルに来ると、いつでも自分の悩みを聴いてくれる仲間がいるという安心感や、子育て中の親どうしから生の経験を教えてもらえ、子育てにつらさや不安を感じているのは自分だけではないことに気づくなど、子育て不安を払拭することができる集まりである。

子育て中の親の孤独感や不安感の延長線上に起こる児童虐待を防ぐために、「子育てサロン・子育てひろば」では、そこに参加している親子や相談に来た親子を対象に、既存の子育てサークルへの加入や新たなサークルづくり、活動のための場所を提供するなどの支援を行っている。

第4節　家庭支援における関係機関の連携

1．子育て不安を抱える家庭に対する支援

ミルクを飲まない、夜泣きが激しい、離乳食を食べない、トイレットトレーニングがうまくいかない、他の子どもと比べて発達が遅れているのではないかなど、子育て不安を感じている保護者の相談機関として児童家庭支援センターなどがある。相談を受けた職員は、専門的な支援が必要だと判断した場合、保健センターの保健師の家庭訪問、児童発達支

援センターや児童相談所などの専門的な機関の支援など、関係機関と連携して、不安解消に向けた適切なサービスの提供が行われている。

一方、相談する友達がいない、子どもとどのように遊んだらよいのか分からないなど、ちょっとした子育て不安であれば、地域子育て支援拠点事業である「子育てサロン」「子育てひろば」などを紹介し、育児不安の解消に向けた支援を行っている。

２．児童虐待が生じた家庭に対する支援

保育所や幼稚園等から、園児の顔や体にあざがあるとの通報が児童相談所にあった場合、児童相談所の職員が園を訪問し、保育者や児童から事情を聴取する。あざの程度を確認し、保護者からも事情を聴き、転んでできたのか、たたかれてできたのか、今回が初めてなのかなどを把握し、園児を保護者から引き離す必要があると判断した場合は、園児を一時保護することになる。

その後、保護者との面談を繰り返し、子どもが好きになれないなど子育てに悩んでいるようであれば、児童養護施設への入所を勧め、子どもへの対応の仕方等をいっしょに学んでいくこと、ペアレントトレーニングも受講してもらうことなどを保護者に提案し、保護者の同意を得たうえで、当該園児を施設に入所させることになる。

一方、保護者が虐待の事実を認めない場合や、園児への危険な状態が続くと判断した場合は、職権で一時保護を行ったうえで、児童福祉法第28条に基づき、家庭裁判所の承認を得て、保護者の同意のないまま施設入所となる。

一時保護の解除や児童養護施設等から退所させる場合、兵庫県の児童相談所では、家庭復帰等評価委員会を開催し、家庭復帰させるかどうかを判断している。委員会には、学識経験者、児童相談所の所長および関係職員、入所している児童養護施設等の職員、保護者が居住している市町村の児童福祉関係職員および家庭相談員、主任児童委員、さらに家庭

児童支援センターの職員が、子どもの状況、保護者の状況、地域の状況等を話し合い、家庭復帰の可否を検討している。

家庭復帰に際して、保護者に相談相手がいない場合は、主任児童委員や地区担当の児童委員、保育所や幼稚園の園長、担当保育者などが相談相手になるなど、要保護児童対策地域協議会で情報を共有し、保護者と児童を支えていく体制を構築している。

さらに、家庭復帰後も児童や保護者に指導を行うことが必要であると判断した場合は、引き続き児童相談所での児童福祉司による指導、または児童家庭支援センター職員による保護者への指導援助が、保護者に精神疾患が疑われる場合は、保健センターや保健所と連携しての保護者支援が行われている。

一方、一時保護に至らないケースでも、要保護児童対策地域協議会や関係機関連絡会議などの場で事例の概要が説明され、今後どのような支援が必要か、各機関がどのような役割を果たすのかなど、保護者が地域の中で安全・安心に子育てができるようにするための家庭支援を行っている。

【参考文献】
  一番ヶ瀬康子・小川政亮・真田是・高島進・早川和男監修、社会福祉辞典編集委員会編『社会福祉辞典』大月書店、2002年
  社会福祉の動向編集委員会編『社会福祉の動向2013』中央法規出版、2013年
  『国民の福祉と介護の動向2012－2013』一般財団法人厚生労働統計協会、2012年
  『社会保障の手引き──施策の概要と基礎資料〔平成25年版〕』中央法規出版、2013年

第11章

在宅子育て家庭への支援

内田　知宏

第1節 在宅子育て家庭の現状

1. 支援が求められる背景

　核家族化の進展による家族機能の弱体化や地域のつながりの希薄化による地域の子育て力の低下など、保育士による家庭支援が求められてきている理由についてはすでに触れてきたとおりである。本章では「在宅子育て家庭への支援」について学んでいくので、ここではまず、主に在宅で保育を行っている家庭に対する支援が、近年特に求められてきている背景について考えてみたい。

　2012年4月1日の時点で保育所を利用している3歳未満児の割合は全体の25.3％であった（厚生労働省「保育関連状況取りまとめ」2012年9月）。つまり3歳未満児の約4人に3人は、日常生活のほとんどを家庭や地域で過ごしていることになる。また就学前児童全体で見ても、保育所あるいは幼稚園を利用している児童は6割に満たない（図表1）など、保育施設の拡充が進んできている今日においてもなお、保育・子育ての主要な場として家庭や地域が存在していることになんら変わりはない。

図表1　就学前児童の保育所・幼稚園の利用状況

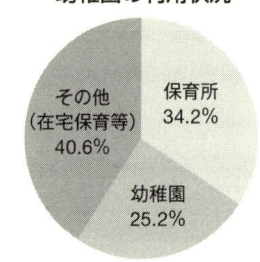

- 保育所　34.2％
- 幼稚園　25.2％
- その他（在宅保育等）　40.6％

出典：文部科学省「学校基本調査」2012年および厚生労働省「保育関連状況取りまとめ」2012年を基に作成

図表2　一日のうちで育児（6歳未満児）に費やす時間

	平日	週全体
父親	25分	42分
母親	3時間16分	3時間2分

出典：総務省「社会生活基本調査」2011年を基に作成

一方で、わが国でもようやく「ワーク・ライフ・バランス」（第15章参照）の重要性が叫ばれるようになり、仕事と家庭の両立の実現に向けたさまざまな取り組みが行われるようになってきたものの、父親が育児に費やす時間は母親と比べ今でも非常に少なく（**図表2**）、母親一人に過重な子育ての負担がのしかかっている現実もうかがえる。

2．在宅子育て家庭への支援と保育士

　以上の背景などを踏まえ、私たちがまず認識しておかなければならないのは、在宅での保育や子育てを主に担っているのは母親であり、その母親はさまざまな要因から子育てに対して強い不安や重い負担を感じていることが多く、またその悩みを率直に打ち明けられる相手や、困ったときに助けてくれる人が身近にいないことのほうが多い、ということである。在宅子育て家庭への支援において、保育士はそういった保護者の置かれている状況を十分に理解したうえで、その不安や負担を少しでも軽減するためにさまざまな施策が活用できることを示し、実際の利用につなげていく大切な役割も担っていくことになる。したがって、さまざまな地域子育て支援の施策について理解しておくことが、保育士には求められるのである。

第2節　認定こども園と在宅子育て支援

　保育所や幼稚園が行う在宅保育支援については前章までに見てきたので、ここでは認定こども園と在宅子育て支援について考えてみたい。

1．認定こども園とは

　就学前の子どもに関する教育・保育等の総合的な提供の推進に関する法律（以下「認定こども園法」）が2006年10月に施行され、教育と保育を統

図表3　認定こども園の認定件数（2013年4月1日現在）

	計	幼保連携型	幼稚園型	保育所型	地方裁量型
認定件数	1099	594	317	155	33

出典：文部科学省・厚生労働省幼保連携推進室の報道発表を基に作成

合し、一貫して提供するしくみとして、認定こども園制度がスタートした。この認定こども園には、①認可幼稚園と認可保育所とが連携して一体的な運営を行う「幼保連携型」、②認可幼稚園が保育所的な機能を備えて行う「幼稚園型」、③認可保育所が幼稚園的な機能を備えて行う「保育所型」、④幼稚園・保育所いずれの認可もない地域の教育・保育施設が行う「地方裁量型」の4類型がある（**図表3**）。

2．認定こども園が行う地域子育て支援

一方で認定こども園は、就学前の児童を対象とした幼児教育・保育を実施するだけでなく、地域における子育て支援も必ず行わなければならないことになっている。

細かく見ると、認定こども園法においては、地域で子育てを行う保護者に対する相談援助や情報提供、児童の一時預かり、また援助を希望する保護者と援助を提供する団体・個人との連絡調整等を行う事業などが「子育て支援事業」として定義されており、これらの事業は、認定こども園の特性を十分に活用することや保護者の養育力の向上に資すること、地域の人材や社会資源を生かすこと等に留意して実施されなければならないとしている（**図表4**）。

つまり認定こども園は、在園児とその保護者だけでなく、就園していない子どもとその保護者をも対象に含めた、地域社会全体の子育て支援を積極的に推進する主体として位置づけられていることになる。そして提供するサービスの内容も、保護者の多様なニーズに応えるべくさまざまな種類のものが用意されており（**図表5**）、今日では電子メールを用いた相談活動やウェブサイトを活用した情報提供など、時代の変化に合

図表4　認定こども園と地域子育て支援

就学前の子どもに関する教育、保育等の総合的な提供の推進に関する法律（2006年法律第77号）における「子育て支援事業」の定義（同法第2条第6項より）

○地域の子どもの養育に関する各般の問題につき保護者からの相談に応じ必要な情報の提供及び助言を行う事業
○保護者の疾病その他の理由により家庭において養育を受けることが一時的に困難となった地域の子どもに対する保育を行う事業
○地域の子どもの養育に関する援助を受けることを希望する民間の団体若しくは個人との連絡及び調整を行う事業
○地域の子どもの養育に関する援助を行う民間の団体若しくは個人に対する必要な情報の提供及び助言を行う事業

※以上の事業で文部科学省令・厚生労働省令で定めるもの

認定こども園が「子育て支援事業」を実施するうえでの留意点

①単に保護者の育児を代わって行うのではなく、教育及び保育に関する専門性を十分に活用し、子育て相談や親子の集いの場の提供等の保護者への支援を通して保護者自身の子育て力の向上を積極的に支援すること。また、子育て世帯からの相談を待つだけでなく、認定こども園から地域の子育て世帯に対して働きかけていくような取組も有意義であること。
②子育て支援事業としては、子育て相談や親子の集いの場の提供、家庭における養育が一時的に困難となった子どもに対する保育の提供等多様な事業が考えられるが、例えば子育て相談や親子の集う場を週三日以上開設する等保護者が利用を希望するときに利用可能な体制を確保すること。
③子どもの教育及び保育に従事する者が研修等により子育て支援に必要な能力を涵養し、その専門性と資質を向上させていくとともに、地域の子育てを支援するボランティア、NPO、専門機関等と連携する等様々な地域の人材や社会資源を活かしていくこと。

※「就学前の子どもに関する教育、保育等の総合的な提供の推進に関する法律第3条第1項第4号及び同条第2項第3号の規定に基づき、文部科学大臣と厚生労働大臣とが協議して定める施設の設備及び運営に関する基準」（2006年文部科学省・厚生労働省告示第1号）「第7　子育て支援」より

（筆者作成）

わせた方法も用いられるようになってきている。

　また、関係機関と連携することや地域の社会資源を有効に活用すること、保護者が相談に来るのを待っているだけでなく、園から家庭の側に積極的にアプローチしていくアウトリーチの取り組みも有意義であることなどが指摘されていることから、その支援にはソーシャルワークの視点が求められていることにも留意しておきたい。

図表5 地域子育て支援サービスの内容

サービスの種類	主なサービスの例
①相談サービス	・相談援助（面接、電話、メール等） ・出張相談（健診会場での相談や家庭訪問等）
②活動拠点提供サービス	・親子が集う場の提供 ・子育てサークル等への場の提供 ・園庭の開放 ・公園や公共機関などで遊び場の提供（移動型プレイルームなど）
③情報・資源提供サービス	・絵本などの図書やおもちゃ、CD等の貸し出し ・手遊びや子どもの遊びの方法の提供 ・子どもへの関わり方の方法の提供 ・食事に関する情報提供（離乳食・幼児食などの知識や調理法など） ・子育てマップや子育て情報誌の作成と配布 ・その他子どもや子育てに関わる情報の提供
④交流支援サービス	・親子遊び提供プログラム ・親支援プログラム ・子育てサークル支援 ・乳幼児とその親の小・中・高校の授業参加 ・地域住民ボランティアの活動 ・子育てネットワークへの参加・支援

出典：［橋本・山縣、2011］p.76を基に作成

第3節 地域での子育てを支援する施策

1．国の施策

（1）乳児家庭全戸訪問事業（こんにちは赤ちゃん事業）

原則として生後4カ月未満の乳児がいる全ての家庭を訪問し、子育てに関する情報を提供するとともに、親子の心身の状況や養育環境を把握するほか、養育についての相談援助を行う事業である。乳児のいる家庭と地域社会をつなぐ最初の機会とすることにより、乳児家庭が地域で孤立することを防ぐ目的がある。

実施主体は市町村（特別区を含む、以下同じ）であり、2011年度における事業の実施率は92.3％に達している。

(2) 養育支援訪問事業

養育支援が特に必要な家庭を保健師・助産師・保育士等が訪問し、相談援助を行うとともに、必要があれば家事や育児などの生活援助も併せて実施する事業である。乳児家庭全戸訪問事業等により把握した要支援家庭を継続して見守り援助する役割を果たしているほか、児童養護施設等を退所し親元に帰った児童とその家庭に対するアフターケアも、この事業により行っている。

実施主体は市町村であり、2011年度における事業の実施率は62.9％である。

(3) 地域子育て支援拠点事業

実施主体は市町村であり、乳幼児とその保護者が相互の交流を行う場を開設し、育児についての相談や助言、情報の提供その他の援助を行う事業である。在宅で子育てを行う親子が気軽に集まり、自由な雰囲気の中で交流するとともに、育児について相談でき、さまざまな情報が得られる貴重な場として機能している。「子ども・子育てビジョン」においても全国で1万カ所の設置が目標として掲げられており、2012年度において5968カ所が設置されている。

なお事業の概要については図表6を参照してほしいが、2013年度より、従来の「ひろば型」と「センター型」が「一般型」に、「児童館型」が「連携型」にそれぞれ再編されるとともに、新たに「地域機能強化型」が創設され、その機能の充実強化が図られたことに留意しておきたい。特に「地域機能強化型」は、いわゆる子ども・子育て新制度の施行を見据えて、基本事業に加えて「利用者支援」と「地域支援」を実施することとなっている。

(4) 一時預かり事業

家庭において保育を受けることが一時的に困難となった乳幼児につい

図表6　地域子育て支援拠点事業の概要

事業の種類	一般型	連携型	地域機能強化型
機能	常設の地域の子育て拠点を設け、地域の子育て支援機能の充実を図る取り組みを実施	児童福祉施設等多様な子育て支援に関する施設に親子が集う場を設け、子育て支援のための取り組みを実施	子ども・子育て支援新制度の円滑な施行を見据えて利用者支援体制の基盤の構築を行うとともに、地域において子の育ち・親の育ちを支援する地域との協力体制の強化を実施
実施主体	市町村（特別区を含む） （社会福祉法人、NPO法人、民間事業者等への委託等も可）		
基本事業	①子育て親子の交流の場の提供と交流の促進、②子育て等に関する相談・援助の実施、③地域の子育て関連情報の提供、④子育て・子育て支援に関する講習等の実施		
実施形態	①〜④の事業を子育て親子が集い、打ち解けた雰囲気の中で語り合い、相互に交流を図る常設の場を設けて実施	①〜④の事業を児童福祉施設等で従事する子育て中の当事者や経験者をスタッフに交えて実施	①〜④の実施に加え、子育て家庭が子育て支援の給付・事業の中から適切な選択ができるよう、地域の身近な立場から情報の集約・提供を行う「利用者支援」とともに、親子の育ちを支援する世代間交流や訪問支援、地域ボランティアとの協働などを行う「地域支援」を実施
従事者	子育て支援に関して意欲があり、子育てに関する知識・経験を有する者（2名以上）	子育て支援に関して意欲があり、子育てに関する知識・経験を有する者（1名以上）に児童福祉施設等の職員が協力して実施	育児・保育等について相当の知識・経験を有し、地域の子育て事情や社会資源に精通する者（2名以上。ただし利用者支援を実施する場合には3名以上）
実施場所	保育所、公共施設空きスペース、商店街空き店舗、民家、マンション・アパートの一室等を活用	児童福祉施設等	公共施設、保育所等などの児童福祉施設等で地域社会に密着した場所で実施
開設日数等	週3〜4日、週5日、週6〜7日（1日5時間以上）	週3〜4日、週5〜7日（1日3時間以上）	週5日、週6〜7日（1日5時間以上）
備考	従来の「ひろば型」「センター型」を再編したもの	従来の「児童館型」を再編したもの	新たに創設されたもの

（筆者作成）

て、主として昼間、保育所その他の場所で一時的に預かる事業である。保育所で実施する保育所型や、地域子育て支援拠点や駅周辺等の利便性の高い場所で実施する地域密着型などがある。

実施主体は市町村であり、2012年度には7656カ所が設置されている。

(5) 子育て短期支援事業

実施主体は市町村であり、保護者の病気やその他の理由によって児童を家庭で養育することが一時的にできなくなった場合などに、児童養護施設等において一定の期間、児童の養育・保護を実施する事業である。この事業には、短期入所生活援助（ショートステイ）事業と夜間養護等（トワイライトステイ）事業の2種類がある。

短期入所生活援助（ショートステイ）事業については、保護者自身の病気のほか、出産、看護、事故、災害など環境上の理由や冠婚葬祭、学校行事への参加、また配偶者の暴力などによって緊急一時的に親子を保護することが必要な場合でも利用することができる。利用期間は原則として7日以内であり、2011年度において全国の672カ所で実施されている。

夜間養護等（トワイライトステイ）事業については、親が仕事その他の理由により、平日の夜間または休日に不在となり、家庭で児童を養育することが一時的に困難となったときに利用できる。近隣に適切な施設がない場合には、あらかじめ登録された里親や保育士に委託することができ、その場合は里親や保育士の居宅において、または児童の居宅に保育士等が派遣され、必要な養育・保護が実施される。利用期間の定めは特になく、2011年度において全国の363か所で実施されている。

(6) ファミリー・サポート・センター事業

乳幼児や小学生等の児童を有する子育て中の労働者や主婦等を会員として、児童の預かり等の援助を受けることを希望する者（利用会員）と当該援助を行うことを希望する者（提供会員）との相互援助活動に関する事

ファミリー・サポート・センター提供会員の
活動の様子（鴻巣市ファミリー・サポート・
センター提供）

業である。具体的な活動内容としては、保育所や習い事先との送迎と保護者が帰宅するまでの間の保育等が考えられるが、例を挙げて説明すると、ファミリー・サポート・センターから派遣された提供会員が児童の降園時に保育所まで迎えに行き、利用会員である保護者が仕事から帰宅するまでの間、提供会員宅等で児童を預かり、保護者は帰宅途中に提供会員宅に立ち寄り児童とともに帰宅する、といった流れになる。

　実施主体は市町村であり、2012年度において699の自治体がセンターを設置しているほか、病児等の預かりを行っている自治体もある。利用会員数は全国で約38万人、提供会員数は約13万人であり、共働き世帯の増加や、学童保育の定員がニーズに比して少ないことなどから利用会員数が、またボランティア活動への関心の高まりなどから提供会員数が、それぞれ増加してきている（※文中の統計数値は、いずれも［厚生労働省、2013］による）。

２．地域により異なる施策

　暮らしている地域により、その家庭が利用できるサービスの種類や量が異なってくることは子育て支援に限らず言えるが、例えば前項で示したような国の施策であっても、各事業の実施率等を見れば分かるように、全ての自治体が全ての施策を行っているわけではない。また一方で、国

の制度にはなくとも、その地域の住民の多くから強い要望があったものについては、自治体が独自に事業を企画・実施しその地域固有のニーズに応えている、という場合もある。したがって、自分の住む自治体で行われている施策でも、近隣の他市町村ではそれが実施されていない、ということもある。

つまり同じような子育て支援のニーズを持つ家庭でも、生活している地域によって利用できるサービスの内容が異なってくる、ということに私たちは留意しなければならない。援助の実施に当たっては、支援の対象となる家庭が生活する自治体（都道府県・市町村）において、それぞれどのような子育て支援施策がどのように行われているかについても把握しておく必要がある。

第4節　家庭的保育制度の現状

1．家庭的保育事業（保育ママ）とは

保育士または研修により市町村長が認めた家庭的保育者（保育ママ）が、保育所等と連携しながら自身の居宅等において少数の乳幼児（主に3歳未満児）を保育する事業である。実施主体は市町村であり、保育所待機児童対策として2000年度に創設されたが、児童福祉法に基づく事業として法定化されたのは2010年度からである。また2011年度からは、複数の家庭的保育者が同一の場所で保育を実施する「グループ型小規模保育事業」も実施されるようになった。

2．家庭的保育事業の現状と課題

いわゆる「子ども・子育てビジョン」等により家庭的保育の拡充が大きな目標とされたものの、実施する自治体が少なく、普及が十分に進ん

でいない現状がある。その背景としては、保育ママへの支援体制の不足（保育ママに対する巡回指導・研修体制が不十分、休暇時の代替保育の確保が困難等）や、事故発生時の補償体制の未整備などが指摘されており、このような理由から、保育ママのなり手自体がそもそも増えにくいという問題が引き起こされているとも考えられる。

　待機児の8割を占める3歳未満児に対する保育ニーズの高まりと、受け皿としての保育サービスの不足が言われる中で、在宅保育の支援を考えたときに、家庭的保育制度の充実は必要不可欠となる。多くの国民が安心して利用でき、また同時に支援者としても参加しやすいしくみづくりが求められている。

【引用・参考文献】
厚生労働省「全国児童福祉主管課長会議資料」（2013年3月15日開催）
内閣府編『子ども・子育て白書〈平成24年版〉』勝美印刷、2012年
橋本真紀・山縣文治編『よくわかる家庭支援論』ミネルヴァ書房、2011年
林邦雄・谷田貝公昭監修、髙玉和子・和田上貴昭編著『相談援助』（保育者養成シリーズ）一藝社、2012年

第12章

子育ての負担・不安を抱えた保護者への支援

千葉千恵美

第1節 子育てに不安を抱える保護者の増加

1．養育環境の変化と子育て負担感・不安感の増加

　育児不安は、子どもを抱える母親であれば誰もが体験する。児童虐待をはじめ、わが国においても養育問題が毎日マスコミ等に取り上げられている。その背景には、子どもを取り巻く環境の変化や家族関係、社会構造の変化とも深く関連して家族機能そのものが弱くなり、以前は家族として機能していた事柄が機能できなくなってきたことも影響している。

　第二次世界大戦後、復興を目指し、わが国は国民生活向上に向け社会構造が大きく変化した。産業の主流は、第一次産業から二次産業・第三次産業へ移り、大都市に労働人口が集中した。地方からの若者が都市に流れ仕事をすることで、農村は過疎化が始まり住環境も変化し、都市は人であふれ団地住まいの核家族が増加した。確かに経済成長が進み生活は豊かになり安定したが、農村地域の過疎化、少子高齢化による養育問題（介護を含めた）の弊害として、育児不安、育児ノイローゼ、児童虐待の増加等が生じた。

　一昔前の子育ては、地域のつながりも深く、さまざまな人たちが育児相談に乗るなどおおぜいの人たちによる関わりが母親の精神的なサポートにつながっていたため、母親は不安にさらされることなく、子育て問題は解消されていたのである。

　また弟妹たちの成長を間近で知ることもでき、子どもの成長や発育過程を体験的に学ぶことができた。むずかる弟妹をあやして泣きやませて寝かせる方法、入浴やオムツ替え、哺乳の方法など、家庭内で養育行動を学ぶことができるなど、兄弟姉妹の多さは、人の成長や発達を体験的に知る貴重な機会となり、育児モデルが獲得されたのである。

図表1　育児不安につながりやすい要因の例

保護者の要因	・子育て体験が少なく、子育てに自信がない ・自分の時間がない
子どもの要因	・障害や発達上の心配がある ・気質が激しい ・子どもが反抗期等の年齢要因
夫婦・家族関係	・家族や夫が子育てに協力しない ・家族関係にストレスがある
家庭の孤立	・近所づきあいがない（つきあわない） ・親子に仲間がいない
育児情報の過信	・育児が情報どおりにいかない ・子どもに過剰な期待をする
社会的サポート	・母親一人で子育てしている ・子育ての相談相手がいない

出典：［原田、2006］を参考に作成

　しかし現在では、乳幼児に関わった経験を持たないまま親になる者が半数以上を占めている。このような子育て環境の変化が、現代社会の養育問題と深く関連しており、育児不安につながることになる。往々にして一人で育児をしていると不安が増殖し、どうしてよいか分からなくなり、育児ノイローゼや虐待等に発展していく可能性も出てくる。

　育児不安に関する諸調査の結果から総合的に考えると、**図表1**のように保護者と子どもが持つ要因に、子育て環境のマイナス要因が加わったときに育児不安は増大すると思われる。

2．子育て負担感・不安感の事例

＜事例1＞育児不安の強い母親からの電話相談
　　　　　（子ども・家族支援センターの相談から）
　母親：「出産後2週間、私の実家にいましたが、先週から自宅に戻ってきました。実家にいたときは、母親もいたし、夫も子どもを見に来るなど、問題なく過ごしていました」「自宅に戻ってから、子どもの泣き声に悩まされています。夜は、寝る暇もなく授乳に追われ、2時間ごとに起きるのがとても大変です」「赤ちゃんはなぜ、あんなに大きな声で泣くんでしょうか。私が泣きたい気持ちになります」「赤ちゃんに向かって『なんで泣

くの、もう泣かないで』と言ってしまいました」「とっても疲れます。私だって自由な時間が欲しいのに、何もできない状況です」「とっても赤ちゃんがかわいいとは思えなくなっています」

　保育士：「一度、赤ちゃんを連れて遊びにきませんか。保育士もいるし、少し赤ちゃんは保育士に見てもらって、私とお話をしましょう」

　母親：「ありがとうございます。一人でどうしたらよいか、分からなくなっていました」

　このような内容の電話相談が、最近よく持ち込まれる。夜泣きや授乳による寝不足は、母親の心身の疲労だけでなく、赤ちゃんに向ける思いにも影響を及ぼすからである。子どもをあやすことが上手な母親であっても、子どもの行動に振り回され戸惑うものである。また、出産直後から始まる子どもの夜泣きや2時間ごとの授乳は、初産の母親には予期しない出来事であり、心身ともに疲労する。育児に慣れない母親にとっては、育児が楽しいとは思えないどころか、苦痛に感じてしまうのである。

3．子育て負担感・不安感と支援方法

　母親の育児不安の解消に向けた支援には、母親に寄り添うことのできる人材育成と、育児不安に陥ることなく育児ができるような環境を整えていくことが大切である。近隣、親戚、友人等のつきあいが得られない場合でも、安定した環境の中で親子間にしっかりとした情緒的交流が築ける場所、相談できる人、知識や情報を得る機会を地域に確保する必要がある。

　ボウルビー（J. Bowlby）は「母子相互作用」の中で、乳幼児の心の発達と養育者との関わりの重要性を述べている。特定の人物との間で情愛的なきずな、愛着（attachment）関係を形成することが、子どもの心身の発達には欠かせない。子どもの訴えや要求に気づくセンサーを磨き、子どもの世話をしながら情緒的交流を感じ、子どもを丸ごと受け止められるようになることは、育児不安の解消の一助になりえる。

情緒交流ができる親子遊びを支援し、しっかりと愛着形成できる親子の関係性を育てていく支援をするために、地域子育て支援事業を展開し、育児不安を解消する子育て支援拠点作りが重要と考えられる。

第2節 ひとり親家庭について

1．ひとり親家庭の増加とその要因

　1961年、母子家庭に手当を支給するための法律「児童扶養手当法」が制定された。離婚母子家庭の増加に伴い、1985年に法改定され、所得額に応じて支給されるようになった。全ての母子家庭に子どもがどのような環境にもかかわらず、心身共に健やかに育成されるために必要な要件、母親の健康で文化的な生活が保障される旨が記載されている。

　母子家庭援助のために、1981年に「母子及び寡婦福祉法」が制定され、2002年の法改正によって、法の対象が母子家庭等（母子および父子家庭）と寡婦となり、父子家庭が日常生活支援対象に含まれるようになった。2010年には、児童扶養手当の支給が、母子家庭のみならず父子家庭に拡大され施行された。2011年現在、子ども1人の支給最高月額は4万1550円で、子どもが2人以上の場合は一定額加算されるが、公的年金との併給制限や受給資格者の所得が一定額ある場合には、手当全部または一部が支給停止となった。ひとり親家庭の増加に対応するために、親の就労時間や休日、祝日、夜間など必要に応じた保育サービスの支援が課題と言える。

(1) 母子家庭増加とその要因

　女性の高学歴化による社会進出に伴い、経済力を持ち、管理職に就くなど仕事で活躍する女性が増えてきた。また結婚年齢も高くなり、35歳

図表2　母子世帯になった理由の推移

調査年次	総数	死別	生別						不詳
			総数	離婚	未婚の母	遺棄	行方不明	その他	
1983	(100.0)	(36.1)	(63.9)	(49.1)	(5.3)	(＊)	(＊)	(9.5)	(－)
1988	(100.0)	(29.7)	(70.3)	(62.3)	(3.6)	(＊)	(＊)	(4.4)	(－)
1993	(100.0)	(24.6)	(73.2)	(64.3)	(4.7)	(＊)	(＊)	(4.2)	(2.2)
1998	(100.0)	(18.7)	(79.9)	(68.4)	(7.3)	(＊)	(＊)	(4.2)	(1.4)
2003	(100.0)	(12.0)	(87.8)	(79.9)	(5.8)	(0.4)	(0.6)	(1.2)	(0.2)
2006	(100.0)	(9.7)	(89.6)	(79.7)	(6.7)	(0.1)	(0.7)	(2.3)	(0.7)
2011	1,648	123	1,525	1,332	129	7	6	51	(－)
	(100.0)	(7.5)	(92.5)	(80.8)	(7.8)	(0.4)	(0.4)	(3.1)	(－)

（注）＊印は、その年の調査にはなかった項目であることを示す。カッコ内は比率。

図表3　父子世帯になった理由の推移

調査年次	総数	死別	生別						不詳
			総数	離婚	未婚の父	遺棄	行方不明	その他	
1983	(100.0)	(40.0)	(60.1)	(54.2)	(＊)	(＊)	(＊)	(5.8)	(－)
1988	(100.0)	(35.9)	(64.1)	(55.4)	(＊)	(＊)	(＊)	(8.7)	(－)
1993	(100.0)	(32.2)	(65.6)	(62.6)	(＊)	(＊)	(＊)	(2.9)	(2.2)
1998	(100.0)	(31.8)	(64.9)	(57.1)	(＊)	(＊)	(＊)	(7.8)	(3.3)
2003	(100.0)	(19.2)	(80.2)	(74.2)	(＊)	(0.5)	(0.5)	(4.9)	(0.6)
2006	(100.0)	(22.1)	(77.4)	(74.4)	(＊)	(－)	(0.5)	(2.5)	(0.5)
2011	561	94	467	417	7	3	3	37	(－)
	(100.0)	(16.8)	(83.2)	(74.3)	(1.2)	(0.5)	(0.5)	(6.6)	(－)

（注）＊印は、その年の調査にはなかった項目であることを示す。カッコ内は比率。

出典（図表2・3とも）：［厚生労働省、2012］

以上の高年齢出産のリスクを抱えた妊産婦も増えてきている。

　その一方で、離婚率も増え続けている。母子世帯になった理由の推移を見ると、1983年には死別が36.1％、離婚が49.1％であったが、2011年の調査では死別が7.5％、離婚が80.8％と変化し、離婚による母子世帯の比率が高くなっている（**図表2**）。

(2) 父子家庭増加とその要因

　父子家庭になった理由について見ると、1983年には死別が40.0％、離婚が54.2％であったが、2011年には死別が16.8％、離婚が74.3％で、最近では母子家庭と同様に、死別よりも、離婚による父子世帯が圧倒的に多いことが分かる（**図表3**）。

2. ひとり親家庭の悩みとその支援

(1) 母子家庭

経済的悩みの背景には、安心して子育てをしながら生活することができる環境にない状況、生活を維持するための経済状況が困窮している状況（就労形態がパート、低賃金など）がうかがわれる。

2009年「国民生活基礎調査」によると、子どもがいる現役世帯（世帯主が18歳以上65歳未満）のうち、大人が2人以上いる世帯の相対的貧困率が12.7％であるのに対し、ひとり親世帯の相対的貧困率は50.8％であることからも、ひとり親家庭の経済的問題が深刻であることがうかがわれる（図表4）。またOECDの報告書によると、日本の子どもの約14％が相対的貧困家庭で、母子世帯の半数以上が該当するといわれる。母子家庭の平均年収は291万円（2010年）で、児童のいる平均世帯（548万円）の約44％にすぎず、貧困状況は、日々の生活のみならず、教育や就業機

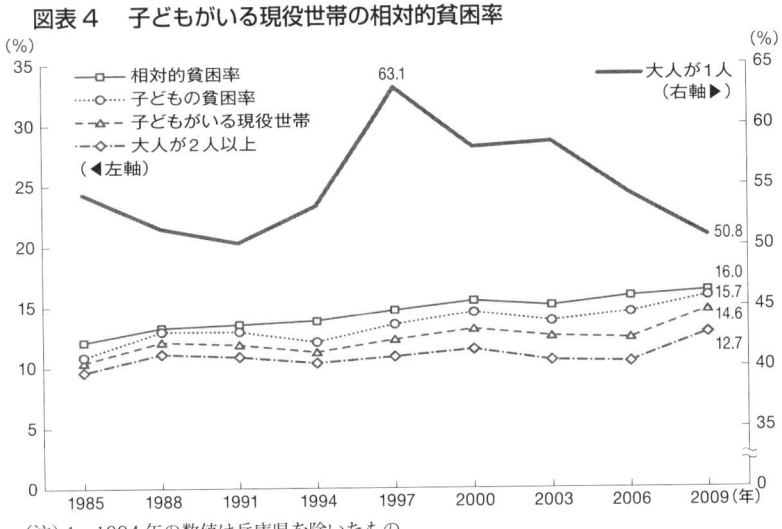

図表4　子どもがいる現役世帯の相対的貧困率

(注) 1　1994年の数値は兵庫県を除いたもの。
　　 2　貧困率は、OECDの作成基準に基づいて算出している。
　　 3　「大人」とは18歳以上の者、「子ども」とは17歳以下の者をいい、「現役世帯」とは世帯主が18歳以上65歳未満の世帯をいう。

出典：[内閣府、2012]

図表5　ひとり親世帯の子どもについての悩み

(1) 母子世帯の母が抱える子どもについての悩み　　　　　　　　　　　　　(%)

	教育・進学	しつけ	就職	健康	非行・交友関係	食事・栄養	結婚問題	衣服・身の回り	その他
2006年 総　数	56.4	19.0	8.0	5.2	2.0	2.4	1.2	1.2	4.8
2011年 総　数	56.1	15.6	7.2	5.3	3.6	2.6	0.1	0.8	8.7
0〜4歳	15.0	45.1	0.8	14.3	—	6.0	0.8	1.5	16.5
5〜9歳	39.3	31.8	0.3	6.5	2.2	4.7	—	1.6	13.7
10〜14歳	71.7	10.0	0.8	3.6	5.6	1.6	—	0.4	6.2
15歳以上	62.3	2.7	20.0	3.7	3.5	1.4	0.2	0.4	5.8

(2) 父子世帯の父が抱える子どもについての悩み　　　　　　　　　　　　　(%)

	教育・進学	しつけ	就職	健康	非行・交友関係	食事・栄養	結婚問題	衣服・身の回り	その他
2006年 総　数	50.6	12.8	6.1	7.9	1.8	8.5	3.7	3.7	4.9
2011年 総　数	51.8	16.5	9.3	6.0	2.9	6.7	—	3.1	3.8
0〜4歳	28.6	33.3	—	9.5	—	19.0	—	4.8	4.8
5〜9歳	43.2	25.7	—	9.5	1.4	9.5	—	5.4	5.4
10〜14歳	56.5	17.4	—	7.5	3.1	6.2	—	5.0	4.3
15歳以上	54.0	9.2	23.9	2.5	3.7	4.3	—	—	2.5

(注) 1　前回の調査は子どもの男女別の主なものの回答であったが、今回の調査は子ども一人ごとの回答である。
　　 2　表中の割合は「特に悩みはない」と不詳を除いた割合である。
　　 3　今回の調査では「非行」に「交友関係」を追加。

出典：[厚生労働省、2012] を基に作成

会の不平等による次世代の貧困の連鎖、育児困難や不適切な養育につながる確率も高い [阿部、2010]。このように、母子家庭では、経済的な問題を含め生活課題が大きいと言えよう。母親が1人で仕事と家事を全て担うことから、時間に追われ、少ない生活費を稼ぐために日々孤軍奮闘し、一生懸命親子で生活している様子がうかがえる。

(2) 父子家庭

父子家庭の悩みの多くは、母子家庭と同様、教育や進学、しつけにつ

いてであるが、父子家庭の場合、子どもの食事・栄養面等が悩みとして多く、家事について父親が対応することの難しさが示されている（**図表5 (2)**）。父親が仕事をしながら家事を行うことや、子育てである養育を行うことが困難であることがうかがわれる。

3．ひとり親家庭の事例と支援

> ＜事例２＞両親の離婚という事実を抱えきれない子ども
> 女児Ａ＝保育所３歳児　母親と２人暮らし
> 　日頃からとても聞き分けがよく、何でも理解できる利発な女児である。
> 　母親が離婚したことは、女児にはとてもつらい体験となっていた。
> 〔保育所での出来事〕ままごと遊びで、いつも遊んでいる女児Ｂといっしょに、Ａは向かい合わせに楽しそうに遊んでいた。しかし突然、Ａがテーブルをひっくり返し「なんでこうしたの。これは違うでしょ」と怒りだした。びっくりしたＢが泣き出した。保育士がＡを呼び、「どうしたの、何があったか先生にお話してちょうだいね」と話を聞いたところ、「パパとママがケンカをしてね」「昨日からずっとパパがいた。ママもパパにいろいろお話をしていたが、それがとても怖かった」「ずっと御飯は食べていないんだよ。朝も食べてこなかったよ」「先生、おなかがすいちゃった」と言い、泣き出してしまった。

　日頃穏やかに聞き分けのいい子どもが、一転して大騒ぎをし、自分の思いを表現することになったのは、離婚した父親が昨日から母親宅に来て、手続きに必要な書類をそろえていたためだということが理解できた。両親のどなり声が深夜まで続き、夕食も食べさせてもらえず朝を迎え、朝食もなく、保育所に来たのだと想像がついた。３歳児の子どもが抱えきれない思いを、ままごと遊びをしている最中に引き出されてしまったことも理解できた。離婚が決まってから、母親はいつもイライラした状況にあり、自分の気持ちをＡにぶつけることもあり、Ａは黙って母親の思いに対応していたことも明らかになった。
　こうした事例に対しては、親子が安心して生活できるような育児環境

を整えていく支援こそが望まれる。母親を支えることが、子どもにとってよい育児環境を提供することになる。子どもにとっては母親の心身の安定が必要なので、母親を信頼してサポートし、相談と適切な支援ができる人材が必要になる。

第3節　異文化・外国籍の家庭への支援

1．異文化家庭の増加の現状とその要因

　日本の国際結婚の比率は徐々に伸び、2006年には6.1％になった。その後、フィリピン女性との結婚数が減り、2010年には4.3％となった［厚生労働省、2011］。日本人男性と、中国、韓国、フィリピン等のアジア女性との国際結婚家庭の場合、地域社会の中にどのように適応し、溶け込めるかで子育てに影響することを示している。この問題は離婚とつながり、2003年の統計によると、国際結婚の離婚率は42％となっていて、日本人どうしの離婚率38％と比較すると4％高くなっている。

　夫が外国人の場合の離婚率は39％、妻が外国人の場合43％だが、国際結婚の離婚率の原因には、文化や風習、価値観の相違等による戸惑いが考えられる。妻が外国人の場合には、彼女らの大半が日本語を理解せずに来日し、コミュニケーションの問題を抱えている。また農村地域では、冠婚葬祭等の際、隣近所の手伝いなど日本独自の文化と風習がある。その関わりに戸惑い、不安や葛藤を抱える中で妊娠・出産を迎えることになる。出産や出産後の子育て支援に関し、外国籍の母親への精神的支援体制を整えていくことが今日的課題である。

＜事例3＞異文化家庭への家庭支援
　妻A＝20代半ば、中国籍。夫B＝30代前半。女児C＝1歳9か月
　夫の母親D＝50代前半。夫の父親E＝50代後半、農業（果樹園農家経営）。

育児不安群（厚生科学研究結果（2000年）の育児不安尺度によるアセスメントの結果、育児不安得点が高かった）

　結婚は、結婚斡旋業者によるお見合いであった。隣家が外国籍の女性を嫁に迎えうまくやっているのを見て、妻として迎え入れたという経緯があった。しかし、来日したときから日本語は話せず、隣家にいる外国籍の嫁との交流もせず、日本の生活習慣になじむことにも消極的であった。そのため夫Bとも会話がなく、姑Dが料理方法や農作業の仕方を教えようとするが、表情を硬くし押し黙ってしまうことが多く、家族関係がぎくしゃくしていた。家族内で話をしていると突然大声で泣き出すなど、Aの感情は常に不安定で、いつも子どもCと部屋にこもっていた。

　この状況を家族も困っていた。1歳6か月健診で、Aは自分のそばを離れようとするCを、大きな声で呼び戻し、常に自分のそばにいるように指示していた。姑Dは、その様子を見てため息をついていた。Cの言葉の遅れと、体験不足による人との関わりができないことから「親子ふれあい教室」に参加させた。

　すると日本人の母親たちが温かくAやCを迎えてくれたにもかかわらず、押し黙り、母親たちの輪には参加せず、背を向けて2人で絵本を読み出した。日本語がうまくできないこともAを不安にさせたようだったが、その後の「親子ふれあい教室」の講座は欠席となった。こちらから自宅を訪問すると、大きな声でどなっているのが2階から聞こえてきたが、降りてきて挨拶するには至らなかった。その後再び訪問すると、布団をかぶっており、かなり精神的な問題を抱えた状況になっていた。

　そこで地域の保健師に連絡をとり、Aに精神科を受診させたところ「うつ」の診断が出たことを受けて、Aを一度中国に帰国させてみることになった。中国からは、数回C宛てに手紙が来たが、日本に来る様子はなく、そのまま離婚となった。Cは農作業を手伝い、また一家の将来を担う明るい話題の中心となり、生活を送っている。言葉の遅れも解消され、日本語は支障なく話している。

2. 異文化・外国籍の家庭への支援

　国際結婚の場合、外国籍の嫁には「言語の問題」と「現状認識の問題」

があることがこの事例からも理解できる。また地域の課題では、外国籍の女性を嫁に迎え入れて支援する受け皿がないことが課題である。十分に準備が整わない状況で迎え入れていることと、日本の現状を知らず、言葉の習得もできないまま来日してくることも問題である。農村地域では伝統的な生活習慣を重視する傾向があり、特に冠婚葬祭などは、家族にとっては重要なイベントとなるが、外国籍の妻たちは、このような日本文化、風習、伝統を十分に理解する機会を与えられていない。突然異文化に投げ込まれる感覚になる。また嫁ぎ先から仕送りをするという感覚も日本人にはなく、外国籍の妻が母国の実家に送金することについて、あらかじめ話し合うこともない。しかし彼女たちは母国の実家への仕送りを前提として来日している。わずかな仕送り額であっても、そのことについて話し合っていないことで互いの不信感が募り、夫婦関係に溝ができてしまうのである。まず言葉の壁を解消する取り組みを行い、次に精神的支援のための地域の支援体制（ソーシャル・ネットワーク）を整備することが、これからの外国籍の妻を支えることになると思われる。

【引用・参考文献】

阿部彩『子どもの貧困──日本の不公平を考える』岩波新書、2010年

E・H・エリクソン（仁科弥生訳）『幼児期と社会Ⅰ』みすず書房、1977年

厚生労働省「平成22年（2010）人口動態統計年報（確定数）の概況」2011年

厚生労働省「平成23年度全国母子世帯等調査結果報告」2012年

社会福祉法人恩賜財団母子愛育会日本子ども家庭総合研究所編『日本子ども資料年鑑〔2012〕』KTC中央出版、2012年

内閣府編『子ども・若者白書〔平成24年版〕』勝美印刷、2012年

原田正文『子育ての変貌と次世代育成支援』名古屋大学出版会、2006年

第13章

発達が気になる子どもと保護者への支援

根本　治代

第1節 発達に問題がある子どもの現状と課題

1. 発達が気になる子どもたちの増加

　近年、保育の現場で「気になる子」が増えてきたという訴えが多く聞かれる。保育者は、保育所という集団生活の中で、他の子どもと関わる場面を通して子どもの発達の遅れに気づく。例えば、①ボール投げやスキップが苦手であったり、手先の不器用さが目立つ、②何度言っても指示がよく分からず、集団での遊びやルールが理解できない、③決まった遊びや同じ動きを繰り返す、④落ち着きがなく、片時もじっとしていない、⑤場所や位置を間違える、などの行動から、保育所での遊びに加わることができないといった子どもが確認される。その中に、発達障害の可能性のある子どもたちが含まれていると考えられる。本章では、このような発達が気になる子どもとその保護者に対する保育所での支援のあり方について、具体的に考えていきたい。

2. 発達障害のある子どもとは

　発達障害の定義については、発達障害者支援法（2004年）に示されている。この法律によると、発達障害とは、「自閉症、アスペルガー症候群その他の広汎性発達障害、学習障害、注意欠陥多動性障害その他これに類する脳機能の障害であってその症状が通常低年齢において発現するものとして政令で定めるもの」（第2条）とされている。

　一般的に発達障害は、乳児期から幼児期にかけてなんらかの原因により、認知、言語、社会性、運動機能などの発達において、全般的な遅れや不均衡な発達を指す概念である。医学的な解明が進みつつあり、「中枢神経系を含む脳の器質的障害」と表現されるが、原因の解明は十分で

はなく、現在の医学では治すことは困難とされている。

発達障害は発達の特徴により、以下のパターンに分けることができる。

①全般的で均一な遅れ

言語の表出や応答、認知の理解などの知的機能が実年齢よりも全般的に低いレベルにあり、社会生活における適応が低く、周囲からの理解と支援を必要とする。

②「ゆがみ」として表面化するもの

発達の不均一さ（アンバランスさ）があり、障害が重度な面もあれば、軽度の場合や、非常に突出した才能として表面化している場合もある。自閉症やアスペルガー症候群に代表される広汎性発達障害がこれに該当する。

③「偏り」として表面化するもの

アンバランスな発達の中でも、特定の領域にのみ通常の程度を超える障害があることが特徴である。学習障害（ＬＤ）、注意欠陥／多動性障害（ＡＤ／ＨＤ）等が該当する。

以上のような発達上の特徴があるが、実際には確定診断が難しく、慎重を期する。保育所に求められる役割は、発達上の課題のある子どもに対して障害でラベリングするのではなく、子どもの個別のニーズに対応した適切な配慮を行うことである。

３．発達に障害のある子どもを持つ家庭への対応

かつて発達障害の多くは、本人の情緒面の発達の問題とされ、親の愛情や養育態度の不適切さが正常な発達を阻害する要因だとする誤った捉え方がされた時期があった。発達障害の大多数が先天的な障害であるため、発達障害のある子どもに変化を求める以上に、周囲の親や保育者が子どもを理解し、変化することが求められると言える。

また、子どもと日常的に関わって生活や発達を把握している保育所は、子どもの発達の遅れや課題に早期に気づき、保護者と子どもの状況につ

いて情報交換し、共通理解を深めることが重要である。保育所保育指針には、「保護者からの情報と共に、登所時及び保育中を通じて子どもの状態を観察し、何らかの疾病が疑われる状態や障害が認められた場合には、保護者に連絡するとともに、嘱託医と相談するなど適切な対応を図ること」（第5章1）と記されている。指針で定められたとおり、保育士は保護者と子どもの現状についての共通理解を深め、保護者の同意を得て専門機関と連携し、専門機関につなげるための支援をしていくという重要な役割を担う。関係機関との連携は、子どもの成長や発達とともに、保育の質を高めることとなる。そのうえで、発達が気になる子どもの障害の発見と、それに伴う保護者の障害受容をどのように支援していくのかが課題となる。

第2節　障害のある子どもの保育における課題

1．保育場面での子どもの発達支援

　保育所における家族支援は、家庭生活での子どもの育ちと親の働き方をそれぞれ把握しながら、家族への発達援助が必要となる。ここでは、保育者から「発達が気になる子」として、障害の可能性を感じる子どもへの支援を手がかりとしながら、在園児とその家族への発達援助について、事例を通して検討していく。

> ＜事例＞発達が気になる子
> 　Aちゃん（4歳）は年少クラスの男の子。今年4月に入園してきたが、保育士との関係がなかなかとれない。また、友達との関係も希薄で、遊びの場面では1人で過ごすことも多いなど発達の面で気がかりなことがあった。いつものように迎えに来た母親に、保育士が日ごろ心配に思っていることを伝えると、3歳児検診で、「言葉が少しゆっくりだけどしばらく様子を見ましょう」と言われたことがあると話してくれた。

図表1　事例のジェノグラム

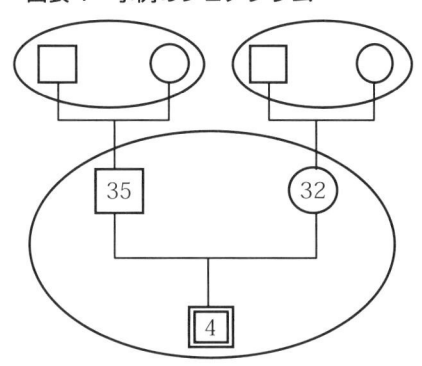

〔家族構成〕
父（35歳）、母（32歳）とも就労している。子どもはAちゃん1人。父方・母方の祖父母は共に健在だが、どちらも遠方に住んでいる。

(1) 成育歴・家族の状況
Aちゃんは第1子として出生。就労していた母親は育児休業を経て仕事に復帰した。当初は認可外保育所を使うなど私的契約でAちゃんを預けていたが、今年の春から認可保育所に入所することができた。父は営業職で毎日仕事に明け暮れている。父方・母方双方の祖父母とは良好な関係にあるが、日常的な支援があるわけではない。

(2) Aちゃんの様子
保育士と視線が合いにくく、話を聞こうとしない。集団で過ごすことが苦手で自分勝手に好きな所へ行ってしまう。昼食時など、遊びたくなると食事の途中でも「ごちそうさま」と言って席を立ってしまうというように、対人関係での発達に心配な点がある。

(3) 母親との面接で語られた内容
家ではおとなしくて手がかからない子だった。動物図鑑や電車図鑑などを好み、よく見ていたが、母が絵本の読み聞かせをしても、あまり興味を示さなかった。
3歳児検診のときに、言葉がゆっくりめであること、視線が合いづらいことを指摘されたが、「様子を見ましょう」と言われたため、あまり気にしないようにしていた。いわゆるママ友とのつきあいがなく、身の回りにAちゃんと同じくらいの年齢の子がいないこともあり、子どもの発達の様子がどのぐらいなのかが分からなかった。

第13章●発達が気になる子どもと保護者への支援

父親は朝から晩まで仕事で、育児は大部分を母親が行っている。子育ての苦労を話す相手がいない。

(4) 保育所の対応

　保育所ではAちゃんの発達に心配を感じているが、家族はどのように感じているのかを知る必要があると考えた。そこで立ち話ではなく、母親から丁寧に話を聞く機会を持つことにした。

　後日、改めて母親との面談の機会を設け、Aちゃんの家での様子や今までのエピソードなどを聞かせてもらった。併せて、Aちゃんに対する思い、父親の育児への関与の度合い、仕事と育児を両立させることへの葛藤なども聞いた。

　その上で、Aちゃんに適切に関わるためには、まずは発達状態を知る必要があるということを母親に対して説明した。そして、発達状態の確認をしてもらえる療育機関を紹介し、相談に行ってみることを勧めた。

２．保育者の対応とその内容

　この事例を通して保育者が注意しなければならないことは、子どもの障害について保護者に伝えるだけでは、専門職として保護者を支援するという役割を果たしたとは言えないことである。保育者が親に子どもの障害の可能性について話す際、親の不安や心の葛藤に寄り添った言葉を選ぶ必要がある。この事例で、保育士が親に対して行ったことを整理してみる。

　＜保育者の対応内容＞

1　日頃の観察で子どもの発達に注意を向ける
2　母親に子どもの心配な点を伝える
3　母親と話し合いの時間を持つ
　・子どもの状態をどう捉えているかを聞き取る
　・子どもに対しての心配感に寄り添う
　・育児と仕事を両立させることへの葛藤、父親の育児への関与の度合いに対する母の思いなどに寄り添う
4　子どものアセスメントの必要性を感じていることを母親に伝える

5　母親に療育機関（発達のアセスメントを行っている場所）を紹介する
6　療育機関への相談を勧める

そして、他の機関を紹介して終わりではなく、子どもの現在と将来を見据えて、保育者として何ができて何ができないのかを示し、今後の協働体制を確認していくことが求められる。

第3節　保護者の障害受容と療育・教育への支援

1．保護者を支える

　わが子の発達や障害には、突然直面する場合と徐々に感じる場合の2通りがある。突然直面する場合には、ダウン症や脳性マヒなど先天的な障害が多く、徐々に感じる場合は、子どもが育っていく過程の中で親が発達の遅れに気づく障害がある。また、身近な保育所などから指摘される場合や、乳幼児健診でわが子の発達状態が伝えられることもある。その際、親は不安や戸惑いを感じ、「そんなはずはない」という否定的な感情で揺れ動く。「この子は将来どのように育っていくのだろうか」「自分たちはこの子を育てられるのか」という不安や悲嘆の中で、子どもの障害を認めていくプロセスに関わる保育士の役割は重要である。不安や悲嘆といった保護者の思いを受け止め、支援をスタートしていくには、保護者と保育者が子どもの状態について共通した理解を持ち、協力し合う関係を形成していくことである。

　この共通理解を進めていくには、家庭と保育所でのそれぞれの子どもの姿を話し合い、子どもを多面的に理解していくことが求められる。話し合いの中で重要なのは、保育士が子どもの問題行動のみを挙げるのではなく、どのような支援が効果的であるのかについて、丁寧に保護者へ説明していくことである。そこでの保育士は、子どもの発達に関する専

門知識と技能を持ち、日常的に子どもと関わる中で生活や発達を把握していなければならない。障害の内容を見つけ出すのではなく、子どもが家庭や保育所で楽しく生活するために、保護者と保育者が話し合い、協力する必要があることを説明していくことが支援のスタートとして重要である。

2．家族の障害受容とその過程

子どもの障害という問題は、母親一人では抱えきれるものではなく、家族がどのように受け止めていけるかが重要となる。永井洋子は、親の障害認知として、①不安と否定の時期、②抑うつ感・焦燥感・絶望感・罪悪感を強く抱く時期、③現実検討の時期、④障害の受容に向かう時期、⑤家族の再構築の時期、とに分けて、それぞれの時期における親の心理過程を説明している［永井、1998］。これらの過程を、親が乗り越え、向き合っていくうえで家族を支える社会資源が必要であり、保育者は、親の持つさまざまなストレスが家族にとってどのような影響を持つのかを理解したうえで、支援に当たらなければならない。

障害を早期に発見し早期に療育を受けることは、子どもの発達にとって望ましいことである。そのため、保育士は保護者に、子どもの障害の可能性について伝えることもある。子どもの障害の発見や受容は、保護者にとってつらく長い過程である。この時期に必要なサポートは、家族の人生全体を見据えたライフステージ上の課題と捉え、長いスパンで子どもの課題を捉え、最もつらい時期に保護者に寄り添い、ねぎらい、励ますことであり、それが保育士の役割なのである。

3．保護者とのパートナーシップ

障害のある子どもの保育に関する保護者との連携は、保育所保育指針において「家庭との連携を密にし、保護者との相互理解を図りながら、適切に対応すること」（第4章1）と明記されている。障害のある子ども

への理解は、保育所と家庭が生活の状況をお互いに伝え合い、保護者と保育士とが信頼できる関係を形成することによって深まる。

　発達障害の場合、家庭内では分かりにくく、その障害に最初に気づくのは保育所であることが多い。そのため、専門機関で診断を受ける前に保育所から子どもの障害の可能性を伝えられた場合、保護者のショックや混乱はたいへん大きいと考えられる。また、発達障害は同年齢の子ども集団での参加が難しい場合が多く、家庭とは遭遇する場面も違う。そのため、保護者に子どもの障害について説明する場合は、十分な保育所内での準備と配慮が必要である。

　そこで気をつける点は、子どもの問題行動のみを取り上げずに、どのような関わりが有効であるのかについて、お互いに話し合い、家庭と保育所が子どもの発達にプラスになるような働きかけをし、お互いに情報交換していくことである。

第4節　障害のある子の家庭と専門機関との連携

1．早期発見・早期療育

　障害のある乳幼児を早期に発見し、対応の仕方を考え、発達援助の取り組みを展開していくことは、家族を支援するうえで重要である。乳幼児期には、障害の判明に当たって、各自治体によるスクリーニング検査が行われている。一般的には、乳幼児健診（健康診査）として1歳6カ月児健診、3歳児健診がそれぞれ地域の保健センターで行われ、精神発達の遅れ、視聴覚障害などの心身に関わる障害等の早期発見を中心に健診が実施されている。1歳6カ月児健診と3歳児健診は、母子保健法第12条に基づき、3〜4カ月児健診は母子保健法第13条および厚生労働省の通知に基づき実施される。

> **母子保健法**
> 第12条　市町村は、次に掲げる者に対し、厚生労働省令の定めるところにより、健康診査を行わなければならない。
> 　(1)　満1歳6か月を超え満2歳に達しない幼児
> 　(2)　満3歳を超え満4歳に達しない幼児
> 第13条　前条の健康診査のほか、市町村は、必要に応じ、妊産婦又は乳児　若しくは幼児に対して、健康診査を行い、又は健康診査を受けることを　勧奨しなければならない。

　これらの健診の結果、異常や発達の遅れが認められた場合、保護者に対する助言・指導がなされ、必要に応じて地域の療育センターが紹介される（図表2）。療育センターでは、医学的診断やアセスメントが行われ支援が開始されるが、療育機関と関わりを持つ中で、家族がわが子の障害と向き合うことができるよう精神的にサポートすることが重要な支援課題となる。

　乳幼児健診後のフォロー体制として、杉山登志郎は、親子遊び的な早期支援の場を提案している［杉山、2000］。そこでの親子の指導や観察を

図表2　幼児健康診査の内容

健診名	健診内容
1歳6か月児健康診査	・身体発育状況 ・栄養状態 ・脊柱及び胸郭の疾病・異常の有無 ・皮膚の疾病の有無 ・歯及び口腔の疾病・異常の有無 ・四肢運動障害の有無 ・精神発達の状況 ・言語障害の有無 ・予防接種の実施状況 ・育児上問題となる事項 ・その他の疾病・異常の有無
3歳児健康診査	＜1歳6か月児健康診査の健診内容に、以下の健診内容が加わる＞ ・眼の疾病・異常の有無 ・耳、鼻及び咽頭の疾病・異常の有無

（筆者作成）

通して、発達の遅れが定型発達の範囲内であれば、保育所・幼稚園への移行を勧め、障害が明確になった場合は、より専門性の高い療育の場への移行支援を行う。このように、最初の支援の場を療育とは異なる集団生活活動にすることで、保護者も参加しやすいと考えられる。また、他の子どもとの比較を通して、保護者が子どもの持つ発達上の課題に気づく場となる。

2．保育施設の役割

　保育所は子どもと日常的に関わり、生活状況を把握しているため、子どもの発達の遅れや課題に早期に気づき、保護者と連絡を取りながら、専門機関につなげるといった役割を担う。保護者に説明する場合には子どもの年齢に応じた、以下のような関わり方が必要となる。

①1歳6カ月児健診を中心とした時期

　主に言葉の遅れを中心とした心配と疑いが持たれる。この時期には、親子関係の不全による子どもの情緒や言語発達の遅れの可能性もある。保育所では、親子グループによる遊びの指導を取り入れ、そこに保育者が関わり、子どもとの応答的なやり取りを行う。参加した親が保育者によるモデル行動を修得することで、親子関係の活性化へとつなげることができる。

②3歳児健診を中心とした時期

　この時期に、自閉症、中度の知的障害などが判明する。また、しつけ等の養育に関する問題（暴力）や、親子関係からくる成長不全の問題（放任）も浮上してくる。つまり、子どもの障害が、先天的な要因ではなく環境的な要因の疑いが大きくなる。この場合、保育者とともに多くの遊びを経験し、応答的な相互作用を繰り返すことで、成長の回復が見られることがある。知的障害を伴わない発達障害の場合は、脳の中枢神経の障害であるため、子どもの状況を的確に親に説明し、具体的な事実を伝え、専門機関と連携していくうえで、子どもの発達上の課題について共

通認識をしておく必要がある。

3．療育機関の役割

　療育機関は、早期発見された発達に課題のある子どもとその親が訪れる専門機関である。知的障害児通園施設、難聴幼児通園施設、肢体不自由児通園施設、心身障害児総合通園センター、母子通園センターなどが全国に設置されている。他にも、保育所、障害児保育、盲聾養護学校幼稚部といった保育教育機関による支援サービスもある。

　保育所は、上記のようなフォーマルな資源との連携の他、インフォーマルな社会資源を活用し、母親が孤立しないような支援の工夫が求められる。母親が保健所などで開催する「乳幼児教室」や「親子教室」などに参加することで、専門機関への相談や親どうしの交流へとつながることができる。母親グループによる活動をはじめ、最近では父親参加の取り組みも見られる。このように親は、保育所、療育センター等の地域の専門諸機関を利用し、地域でのグループ活動に参加することで、子育てと障害に関わる各種の情報を得ることができる。

　このような発達が気になる子どもと保護者を支援するうえで、保育士は、日頃の保育を通しての発達支援のみならず、地域の専門機関へと連絡・調整する等の支援、ならびに家族の不安や動揺といった親の気持ちに寄り添い、家族とともに生きていく子どもを支えていくという視点を忘れてはならない。

【引用・参考文献】
　厚生労働省『保育所保育指針解説書』フレーベル館、2008年
　杉山登志郎『発達障害の豊かな世界』日本評論社、2000年
　永井洋子「自閉症など発達障害における家族ケア」『愛護』501号、1998年、
　　pp.68-75

第14章

ネグレクト・**不適切**な養育家庭への**支援**

大河内　修

第 *1* 節 児童虐待の現状と課題

　幼い子どもが親の手にかかり尊い命を失ってしまうという痛ましい事件が後を絶たない。子どもを慈しみ大切に育てる役割を担うはずの親が、なぜ、このような痛ましい事件を起こしてしまうのであろうか。本章では、児童虐待の理解と対応について、保育者の視点から理解しておく必要のあることについて述べていく。

1．児童虐待とは

　児童虐待については、「児童虐待の防止等に関する法律」（以下、児童虐待防止法）第2条において、4種類に分けられ（身体的虐待、性的虐待、ネグレクト、心理的虐待）、次のように定義されている。

1　児童の身体に外傷が生じ、または生じる恐れのある暴行を加えること。（**身体的虐待**）
2　児童にわいせつな行為をすること又は児童をしてわいせつな行為をさせること。（**性的虐待**）
3　児童の心身の正常な発達を妨げるような著しい減食または長時間の放置、保護者以外の同居人による前二号または次号に掲げる行為と同様の行為の放置その他の保護者としての監護を著しく怠ること。（**ネグレクト**）
4　児童に対する著しい暴言または著しく拒否的な対応、児童が同居する家庭における配偶者に対する暴力（配偶者（婚姻の届出をしていないが、事実上婚姻関係と同様の事情にあるものを含む）の身体に対する不法な攻撃であって生命または身体に危害を及ぼすもの及びこれに準ずる心身に有害な影響を及ぼす言動をいう）その他の児童に著しい心理的外傷を与える言動を行うこと。（**心理的虐待**）

児童虐待は、親が適切な育児方法を理解しておらず、子どもに対して有害な対応をしたり、子育てをしていくうえで必要な対応をしない行為、すなわち、マルトリートメント（不適切な関わり）として理解していく考え方もある。

2．児童虐待の現状

　児童相談所における児童虐待に関する相談件数を示したものが**図表1**である。1990年度に1101件であった件数は、2011年度には5万9919件に増加している。

　児童相談所における虐待相談の種類別件数を示したものが**図表2(1)**である。身体的虐待が最も多く、性的虐待は極めて少ないことが分かる。しかし性的虐待については、虐待内容の性質上、表面化する場合が少なく、実態ははるかに多いと考えられる。

　被虐待児の年齢構成別の相談件数を見ると（**図表2(2)**）、小学生が最も多いが、保育所への入所対象である0歳から学齢前までの相談件数を

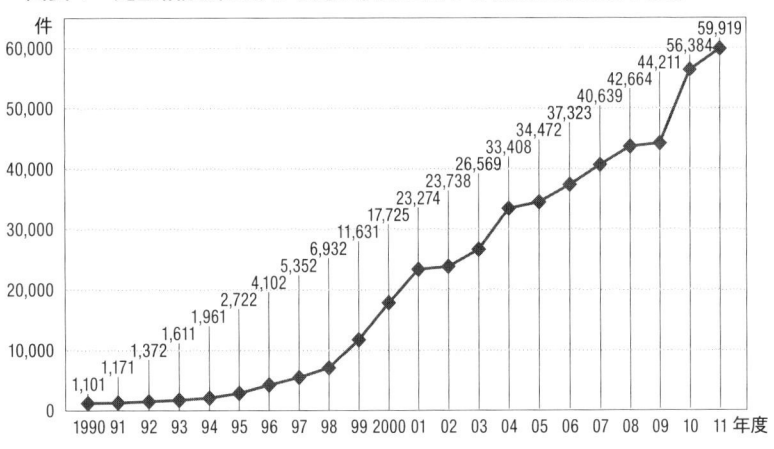

図表1　児童相談所における児童虐待に関する相談対応件数の推移

年度	件数
1990	1,101
91	1,171
92	1,372
93	1,611
94	1,961
95	2,722
96	4,102
97	5,352
98	6,932
99	11,631
2000	17,725
01	23,274
02	23,738
03	26,569
04	33,408
05	34,472
06	37,323
07	40,639
08	42,664
09	44,211
10	56,384
11	59,919

（注）2010年度は福島県を除く。
出典：厚生労働省「平成25年度全国児童福祉主管課長・児童相談所長会議資料」（2013年7月25日開催）を基に作成

図表2　児童相談所における児童虐待に関する相談件数

(1) 相談の種類別

総　数	59,919 (100%)
身体的虐待	21,942 (36.6%)
ネグレクト	18,847 (31.5%)
性的虐待	1,460 (2.4%)
心理的虐待	17,670 (29.5%)

(2) 被虐待者の年齢構成別

総　数	59,919 (100%)
0歳～3歳未満	11,523 (19.2%)
3歳～学齢前	14,377 (24.0%)
小学生	21,694 (36.2%)
中学生	8,158 (13.6%)
高校生	4,167 (7.0%)

(3) 虐待者別

総　数	59,919 (100%)
実父	16,273 (27.2%)
実父以外の父	3,619 (6.0%)
実母	35,494 (59.2%)
実母以外の母	587 (1.0%)
その他	3,946 (6.6%)

出典：厚生労働省「平成23年度福祉行政報告例の概況」(2012年11月29日)を基に作成

加えると2万5900件（43.2%）となり、被虐待児の半数近くが乳幼児であることが分かる。

次に、虐待者別に見ると（**図表2(3)**）、実母による虐待が59.2%で最も多く、実父が続いている。これは、実母が主たる養育者である場合が多く、子育ての困難さを抱えているからと考えられる。このことは、どこの家庭においても虐待は起こりうることを示している。

3．児童虐待への対応の変化

増加の一途をたどる虐待件数ではあるが、国は手をこまねいて眺めてきたわけではない。2000年に児童虐待防止法が制定され、児童虐待の定義、住民の通告義務、児童相談所を中心とした虐待への対応のあり方などについて法の整備がなされた。2004年には児童虐待防止法とともに児童福祉法の改正が行われ、要保護児童対策地域協議会の設置、虐待の通報先としての市町村の追加などが定められた。2005年には「市町村児童家庭相談援助指針」が策定され、それまで、県の機関である児童相談所が中心であった虐待対応についても、市町村の果たすべき役割が大幅に増加した。2008年には、児童福祉法と児童虐待防止法が改正され、児童

の安全を守るための立ち入り調査等の強化、施設入所後の保護者に対する面会・通信の制限、保護者指導の強化等が定められた。さらに、2011年の民法・児童福祉法改正では、虐待をした保護者が子どもの福祉に反する形で親権を行使しようとするのを防止することを目的として、親権停止の制度が設けられ、児童相談所長にその審判請求権が与えられた。

　このように、児童虐待への対応は児童相談所を中心として始まり、現在では、地域全体で取り組まれるようになってきている。すなわち、虐待を予防し、早期に発見し、見守りや子育て相談等での対応が可能な事例については、身近できめ細かい対応が可能な市町村が担う。法に基づく強制的な措置が必要なものについては、児童相談所が中心的な役割を担う。両者が連携し、協力して子どもの健やかな育ちを支援していく方向での体制の整備が行われているのである。

第2節　保育場面における支援

1．児童虐待予防

　保育現場における虐待対応の中で最も重要なものは、虐待予防である。そのために必要な活動として、啓発活動、子育て相談活動等が挙げられる。保育所保育指針の第6章には、保護者に対する支援について基本事項が定められ、育児不安への個別相談、関係機関との連携による不適切な養育への対応などについて述べられている。

　啓発活動の一つに、保護者を対象に定期的に発行される「園だより」の活用がある。この中に、子どもの人権、虐待防止、子育てのノウハウ、相談のための社会資源などの記事を載せ、保護者に適切な子育てのあり方や早期対応についての情報を提供するのである。

　毎日の連絡ノートの記載、送迎時の対応等を通じて、保護者との信頼

図表3　子ども虐待の予防・早期発見・支援のためのチェックリスト

<子どもの様子>
1．生活全般
清潔に関すること
☐洗濯していない服を着ている
☐何日も同じ服を着ていることがあり、着替えをしていないようだ
☐身体の衛生が保たれていない（お風呂に入っていない等）
身体に関すること
☐身体症状による甘えの訴えがある（身体のだるさや不調を大げさに訴え、手当てをしつこく求める）
☐不自然な傷が頻繁に認められる（骨折、アザ、火傷等）
☐特別な病気がないのに身長や体重の増えが悪い
食事に関すること
☐過度な早食いが見られる
☐食べ方に特徴がある（年齢に合わない、手づかみ、食べこぼし、ムラがある他）
☐食事への極端な執着がある
睡眠に関すること
☐昼寝のときに寝付きにくい（緊張・興奮が見られる）
☐悪夢でよく起きることがあり、ぐっすり眠れない
☐おねしょが頻繁に繰り返される
☐就寝時、そばに近寄ることを拒否する、あるいは保育者を独占する
物の扱いに関すること
☐持ち物の紛失や破損がよく見られる
☐物品に対する扱いが荒っぽい（自分の持ち物でも大事にしない）
☐自分の精神安定のために、特定の物を執拗に持ち続ける（おもちゃ、ぬいぐるみ、タオル、毛布の切れ端など）
態度面での特徴
☐警戒心が強く用心深い（人間関係・場所に対して過度の緊張があり、なかなか慣れない）
☐注意が散漫で集中力が持続しない
☐特定の場所を嫌がる（トイレ、押入れ等）
☐他人が部屋に入ってくるのを嫌がる
☐過度のしつけの影響が見られる（食事のときや遊びの中で敏感に汚れを気にしたり嫌う）
情緒面での特徴
☐表情や反応が乏しい、笑顔が少ない
☐感情表現が抑えられており、情緒的交流が不得意である（保育者や他児に対して常に距離を置いて様子をうかがい、遊びに誘っても乗ってこない）
☐おびえた泣き方をする
☐自分の思いどおりにならないと長時間泣きわめくことがある
☐朝の受け入れのとき、機嫌の良い日と悪い日の落差が激しい（ふだんは落ち着いて簡単にできることが、別の日には情緒不安定になり、できなくなる）
特異な反応に関すること
☐突然、かんしゃくやパニックを起こすことがある（突然のように感じるが、よく行動を観察すると、それぞれの子どもに特定のパターンが見いだせる）
☐ときおり無表情になり、凍りついたような凝視が見られる
☐行動、気分、性格が急変することがある（何かを契機に茫然自失となる、身体を緊張させて固まる、興奮し自制がきかない等）
☐大きな音、耳慣れない音に驚愕反応（硬直やパニック）を示すことがある
☐うるさくない状況なのに「うるさい」と言うことがある
自傷・他害に関すること
☐危険を伴うようなむちゃな行動が見られる（高いところから恐れもなく飛び降りたり、当たるとけがをするようなものを平気で投げつけたり、自他共に傷つくことに無頓着な行動がある）
☐自傷行為がある（積み木で頭をたたく、壁や床に頭を打ちつける、抜け毛がある等）

2．対人関係
遊びで見られること
☐集団で遊ぶことが少なく孤立しがちである
☐一人遊びが多く、呼びかけに対して否定的な物言いをする（あっち行け、来るな、あほ、なんやねん等）
☐遊びの中で破戒や攻撃に関する表現が目立つ（特に暴力や死に関するもの）
☐虐待体験をそのまま表現したような、深刻な激しさを伴う遊びを繰り返すことが見られ、その遊びに友達を巻き込むことがある
☐自らの集団や集団での遊びがエスカレートして興奮状態になり、自制がきかなくなることがある（一人浮いた感じになり、周りが引いてしまう）
☐いろいろな活動に対する興味を失うことがある（みんなと楽しい雰囲気を共有できず、自分の世界に閉じこもってしまう）
保育者等との関係で見られること
☐保育者を独占する
☐試し行為を繰り返す
☐「赤ちゃん返り」がある（執拗な抱っこ要求や赤ちゃん言葉による甘えの表現、泣いて要求を通そうとする等）
☐大人の顔色や機嫌を敏感に捉え、それに合わせたり甘えようとする（一見良い子に見えるが、どこか無邪気さや子どもらしさが感じられない）
☐大人の顔色を見て、注意されたことに対して謝ることはするが行動は改まらない
☐謝ることに時間がかかる
☐褒められることに抵抗がある（最初フッと笑うが、すぐに否定する）
☐"賢い"と言われるのを嫌がる
☐ダメと言われることをわざとする

出典：大阪保育子育て人権情報研究センター資料を基に作成

- ☐ きつく叱られるとすぐ行動をやめることがある
- ☐ 抱かれ方がぎこちなかったり、拒否したりする
- ☐ 抱かれると異常に離れたがらない

子どもどうしの関係で
- ☐ 他児をよくたたく
- ☐ 年上の子からいじめられても泣かない
- ☐ 保育者や他児の気を引く行為がよく見られる（他児の行動をじゃまする、他児に強い対抗意識を持つ等）
- ☐ 相手に怒りや不愉快を引き出させる言動があり、ケンカや叱責の対象となる
- ☐ 自分より弱い者には支配的で、強い者に対しては従順になる
- ☐ 他者には理解できない状況で、衝動的に暴力をふるうことがある
- ☐ 他児との身体的接触を嫌がり、異常に怖がったりする
- ☐ 子どもどうしでいるより大人にまとわりつくことのほうが多い

保護者との関係で見られること
- ☐ 子どもと保護者の視線がほとんど合わない
- ☐ 子どもが保護者と密着している
- ☐ 保育者が保護者のことを口にしたときやお迎えの場面で、子どもが体を緊張させたり表情をこわばらせる
- ☐ 保護者のいないときに保護者のことをやたらと口にする（"好き・お仕事が忙しい"等）

性的な遊びへの関心で見られること
- ☐ 人形を使ったり、他の子どもたちを巻き込んで性的な遊びをすることが見られる
- ☐ 自分や他人の性器に異常に関心を持つ
- ☐ 他人の体の性的な部分に、不適切あるいは攻撃的に触れることがある
- ☐ 自傷行が見られる

3. 言葉
- ☐ 言葉の発達の遅れが見られる
- ☐ 必要以上に興奮して話す（大声、高い声、場合によっては裏声になったりする）
- ☐ 特定の出来事について何度も繰り返し話すことがある
- ☐「うそ」をつく（思い込みたいための「うそ」、暴力を逃れたいための「うそ」、かわいがってもらいたいための「うそ」等）
- ☐ 独り言がある（保護者に言われていると思われる"甘えるな・テレビを見るな"等の言葉）
- ☐ 相手に不快感を与えるような刺激語（汚い言葉・差別語・性的表現）をよく使う
- ☐ 自己否定を表す言葉が見られる（「どうせ○○（私）なんて」「どうせ私が悪いんだろう」「自分は嫌われ者だ」「死にたい」等）
- ☐ 甘えるときなど、突然大人に対して赤ちゃん言葉を使う

＜保護者の様子＞
保護者の養育態度に関すること
- ☐ 子どもの養育に関して拒否的、無関心または場当たり的である（子どもに季節にそぐわない服装をさせている等）
- ☐ 理由をつけて欠席させることが多い
- ☐ 子どもが泣いてもあやさない
- ☐ 子どもへの対応で叱ったり、ののしったりすることが多い
- ☐ 子どもがいうことを聞かないと感情的になり、人前で暴力をふるうことがある
- ☐ 怒り出すとコントロールができなくなる
- ☐ 体罰を肯定している
- ☐ 兄弟の間に養育態度の差がある
- ☐ 子どもの抱き方が不自然である
- ☐ 予防接種・健康診断・医療的処置を受けさせることが少ない
- ☐ 母子健康手帳にほとんど記入がない（定期健診を受けていない）
- ☐ 子育てをする力が十分にない（酒や薬物の乱用、病気等の理由で）

保護者の言動に関すること
- ☐ 保護者が「死にたい」「殺したい」「心中したい」等と言うことがある
- ☐ 子どもが受けた外傷や状況と保護者の説明につじつまが合わない
- ☐ 自分のことばかり話す（自身の窮状は訴えるものの、子どもへの関与は拒否もしくは無関心である）
- ☐ 子どもの育てにくさをよく訴える

保護者との会話で推察される状況
- ☐ 現状を改善するつもりがない
- ☐ 働く意志がない
- ☐ 子育てにストレスを感じている（過干渉も含む）
- ☐ 自身の生育歴を不幸に感じている
- ☐ 子どもに求める姿（理想像）と実際の子どもの姿に大きなズレがある（子どもの状態を受け入れようとしない）

保護者の対人関係に関すること
- ☐ 保育所・幼稚園に対して非協力的であったり、批判的態度をとったりする
- ☐ 面談を拒む
- ☐ 決められた時間に迎えに来ないで、連絡がつかないことがよくある
- ☐ 対人関係が敵対的で、よくトラブルを起こしている

生活環境
家庭環境に関すること
- ☐ 家庭内が著しく不衛生である
- ☐ 家庭内に著しい不和・対立がある
- ☐ 家庭の経済状況が不安定である

ネットワークに関すること
- ☐ 家族・子どもの所在が分からなくなることがある
- ☐ 転居を繰り返している
- ☐ 地域や家族、親戚などから孤立している
- ☐「家庭」が分かりにくい（働き先が変わる、家族構成が不明である等）
- ☐ 連絡が取りにくい

関係を強化し、子育てについて子どもの成長を喜び合うとともに、子育ての苦労についても気軽に語ることができるような関係を形成しておくことが重要である。また、保護者懇談会や保護者も参加する園内行事等を利用して、子育てについて同じ立場で気軽に話し合える「ママ友づくり」を支援することも必要なことである。

2．早期発見

　保育者には、保護者の不適切な養育や親子関係の綻びを早期に発見し、虐待を未然に防ぐなど、深刻な事態に至る前の対応が求められている。そのためには、保育者は日々の親子の様子を詳細に観察し、支援を求める声なき声を発見する目と耳を持たなければならない。予防・早期発見・支援のためのチェックリストの例として、大阪保育子育て人権情報研究センターが簡便なものを作成している（図表3）。このように、虐待の兆候を発見するためには、生活全般、子どもの情緒や態度、友達や保育者との関係、保護者の養育姿勢・言動、生活環境等、親子の生活全般にわたるきめ細かな観察が必要となる。なお、子どもの観察は、できる限り自然の流れの中で実施することが望ましい。

　それでは、子どもに不審なけがやあざを発見した場合には、どのような対応をすればよいであろうか。その場で子どもに詳しく問い詰めるようなことをしてはいけない。子どもは「転んでけがをした」とうそをつくかもしれない。また、子どもが正直に白状をした場合も、保育者から詰め寄られた体験は、子どもにとって恐怖体験になる場合が多い。帰宅後、保護者に話す可能性もある。保護者は「先生に言うことは悪いことである」と子どもに口止めをし、あるいは、翌日から登園させない可能性も出てくる。したがって、子どもへの問いかけは「痛かったね」などとけがを心配し、子どもをいたわる声掛けを中心に行い、そのときの子どもの反応を細かく観察する対応が必要である。その際、子どもからなんらかの訴えがなされた場合には、子どもの話に真剣に耳を傾けること

が保育者の役割となる。

　これらの事実は園長に直ちに報告するとともに、けがの部位、状態、子どもの発言などは、正確に記録にとどめておくことが必要である。

　子どもの降園時の保護者との立ち話の中で、けがの真相を明らかにすることを目的として、親に対して質問を重ねるのは慎重に行わなければならない。けがに全く触れないのも逆に不自然である。そこで、なんらかの事故等で子どもがけがをした状態を想定して、「昨晩は大変だったですね」などと心配な気持ちを伝えるのが自然であろう。保護者の回答が不自然であった場合も、直ちに矛盾点を指摘することはせず、話をそのまま受け止め、その場の様子や発言内容は、園長に報告するとともに正確に記録をしておくことが必要である。

3．子どもへの支援

　家庭で不適切な養育を受けた子どもは、保育者の前に「かわいそうな子」ではなく「困った子」として登場する場合が多い。図表3からも分かるように、不潔であったり、乱暴であったり、集団での秩序を乱すような行動をとったりするのである。

　このような問題行動の背景に虐待が疑われる場合には、子どもにとって園の中での生活が、できるだけ安心し、快適であるように支援を行うことを優先する。身体の汚れから異臭のする場合には体を洗ってやり、十分な食事を与えられていない場合には食事を与える。家庭でのイライラがたまっている場合は、周囲に迷惑がかからない配慮をしたうえで、心おきなく発散できる機会を用意していく。保育者に温かく包まれた雰囲気の中で、子ども自身が安心してありのままの自分でいられる時間を積み重ねていくことが必要である。こうした生活の中で、身辺処理の技術や集団生活のルールなどをゆっくりと学んでいく支援を行う。

　このように、被虐待児への支援においては、本来なら家庭で親との間で行われるべき事柄にまで踏み込んだ関わりが求められるのである。

4．保護者への支援

　保護者に対しては、担任が一人で背負うのではなく園全体で支援体制を組む。

　被虐待児と同様に、虐待をする保護者は保育者の前に困った人として登場することが多い。栄養バランスを考えた料理を作らない、子どもをどなってばかりいる、保育者に無理な要求をするなど、数限りなく例を挙げることができる。しかし、保護者自身の心情に目を向ければ、日々の生活や子育てに疲れきり、自分の気持ちを理解してくれる人を求めているのである。

　このような保護者に対しては、不適切な育児について直ちに指導しようとするのではなく、指導の前提となる信頼関係の形成を目指す関わりが求められる。毎日にっこり笑って挨拶をし、冗談を交わす中で、保護者なりの子どもへの愛情や気配りを見つけ、育てていくのである。

　子どもを送迎するときの短時間を利用して、保護者に対しても慈愛に満ちた関わりを重ねていくと、保護者自身から生活の苦労や子育てのイライラについて語ってくれるようになる。静かな別室で、ゆったりと時間を取った中での、カウンセリングやガイダンスの技術を生かした面接につながる。

　育児の技術指導をする場合の留意点について、「夕方、菓子パンをテーブルに置いたままパチンコに行ってしまう母親への対応」を例に考えてみよう。

　保育者は、保護者が愛情のこもった温かい晩御飯を子どもに食べさせてほしいと願う。そのため、夕食を作り、子どもと食べることの重要さを保護者に伝えようとしたくなる。しかしながら、こうした試みは残念ながら失敗に終わることが多い。そこでまず、母親が子どもの空腹を予想し、菓子パンを用意している点に目をつけるのである。「お子さんがおなかを空かせて泣かないように、お子さんが大好きなパンを用意した

のですね」などと、母親の行為を子どもへのかすかな思いやりとして理解し、母親と「子どもの好きなパン」を話題とした対話をすることから始めていくのである。

このように、指導においては保護者の拙い育児行動を性急に指摘するのではなく、肯定的に受け止め、根気よく見守り、育てていく姿勢が求められているのである。

第3節 虐待家庭に関する専門機関との連携

1．虐待通告から一時保護へ

児童虐待防止法においては、学校・保育所・幼稚園等は児童虐待を早期発見に努める義務が課せられており（第5条）、児童虐待を受けたと思われる児童を発見した場合には、児童相談所又は福祉事務所に通告しなければならない（第6条）とされている。

通園する子どもに、不審なけが等が発見され、園長に報告がなされた場合、園長は園内で会議を行い、必要な場合には福祉事務所等への虐待通告を行う。この時点で、保護者との関係がさらに悪化することへの警戒、虐待の事実がなかった場合の対応の心配などから通告をちゅうちょし、重大な結果を招いてしまう場合がある。

虐待の通告は守秘義務に優先し（第6条第3項）、通告を受けた機関は通告した者を特定させる情報を漏らしてはならない（第7条）と法には規定されている。

また、通告を受けると、児童相談所、福祉事務所は情報収集を行うとともに、幼稚園や保育所に出向いて子どもを観察し、けがの状態などについて調査を行う。保護が必要と判断された場合には、その場で保護をする。その後、保護者に対して子どもを保護した旨を伝え、保護者との

面接に入る。

　児童相談所・福祉事務所職員等が調査を開始すれば、園からの通告であることは保護者には容易に推察される。保護者はまず、通告をしたと思われる園に対して怒りを表明する。この場合、幼稚園や保育所は「不審なけがなどを発見した場合には通告する義務がある。虐待の有無やその後の処遇は児童相談所等の権限で行う」と伝え、保護者の怒りをまともに受けない工夫が求められる。

　保護をした後の児童相談所等と保護者との面接に際して、園長や担任が同席を求められる場合がある。その際、児童相談所と同じ側に座り、保護者と対置するのは適切とは言えない場合が多い。保護者が連れてきた兄弟姉妹の対応をするなり、保護者の隣に並んで席を取るなりして、児童相談所等とは別の立場であることを示す。すなわち、虐待の告知・指導は児童相談所等が行い、幼稚園や保育所の役割は保護者への支援であることを明確に区別しておくことが重要なのである。

　なお、虐待通告は週末や子どもの降園後ではなく、速やかに行うのが望ましい。週の前半、午前中に通告を行うことが可能であれば、関係機関の対応も比較的順調に進む。

　子どもに不審なけがを発見し、週末の子どもの様子が心配になり、金曜日の夕方まで待って通告を行う場合がある。しかし、子どもが自宅に戻った状態での調査や家庭での子どもの保護は、保護者の抵抗も強く、容易にはできなくなってしまう。土日は児童相談所、福祉事務所、一時保護所、学校、保健所などは休日の勤務体制に入っており、必要な調査を行うのに平日以上の労力を要するのである。

2．要保護児童対策地域協議会とは

　虐待をする家庭は、経済的に困窮していたり、親自身が重篤な精神的な悩みを抱えていたり、子ども自身が発達障害を抱えていたりと、複雑な事情がもつれた糸のように絡んでいる場合が多い。一つの行政機関が

全ての問題に対応することは不可能であり、従来は、抱える問題ごとにそれぞれの機関が独自に支援を行ってきた。しかし、守秘義務の壁もあり、各機関の連携と情報共有は必ずしもスムーズにはいかず、支援が十分な効果をもたらすことができない場合が多々見られた。

こうした問題を改善することを目的として、2004年の児童福祉法改正により、要保護児童対策地域協議会を設置するよう努めなければならないと定められた（第25条の2）。要保護児童対策地域協議会は、その事務を統括する調整機関が中心になり、児童相談所、主任児童委員、保健センター、教育委員会、警察署、病院等、児童の種々の問題に対して支援を行う関係機関が構成メンバーとなり、情報を共有し、連携をとりながら支援に当たっている。調整機関の役割は、市町村の虐待対応、子育て支援担当部局が担っている場合が多い。

虐待通告がなされたケースについては、定例的に行われるこの実務者会議において、進捗状況についての情報交換を行い、地域が一体となった支援が行われる体制を組んでいる。

3．見守り対応での保育所・幼稚園の役割

虐待通告後、児童相談所等の調査により一時保護の必要性がないと判断された場合や、一時保護後、在宅での支援が適切であると判断された場合（いわゆる「見守り対応」）には、保育所・幼稚園の役割が重要になる。被虐待児が昼間、安心して生活できるように、生活全般の支援を行うことが第1の役割である。保護者等の子育ての不安やイライラを受け止め、子育ての負担を軽減するとともに、子育ての相談に乗ることや育児の指導を行うことが第2の役割である。

虐待通告が行われたケースにおいては、このような見守りを続けながら、関係機関の間で綿密な情報交換を行い、虐待の再発防止に努めている。

【引用・参考文献】

内閣府『子ども・若者白書〔平成25年版〕』印刷通販、2013年

日本子ども家庭総合研究所編『子ども虐待 対応の手引き』有斐閣、2009年

日本弁護士連合会子どもの権利委員会編『子どもの虐待防止・法的実務マニュアル〔第4版〕』明石書房、2008年

第15章

子育て支援サービスの課題
ワークライフバランスに向けて

増田　啓子

第1節 少子化と子育て支援サービスの課題

1．わが国の少子化の現状

　2012年の出生数は107万人台、合計特殊出生率は1.41となり［厚生労働省、2013］、2005年の最低値1.26からやや上昇したが、依然として少子の状態は続いている。わが国の状況は、欧米の先進諸国と比較しても低い数値であり、日本は「超少子化国」と言える。

　生まれてくる子どもの数が減少する一方で、高齢者の死亡数が増加することから、わが国の人口減少は加速度的に進行していくものと予想され、2060年には約8674万人まで減少すると推計されている［国立社会保障・人口問題研究所、2012年］。人口減少とともに労働力人口が減少し、経済成長に対してマイナスの影響を与えることは必至である。さらに高齢者人口の増大により、年金や高齢者医療費・介護費が増加し若者一人ひとりの負担は増加する。

　少子化の直接の原因は、未婚化と晩婚化の進行、夫婦が持つ子どもの数の減少と言われている。未婚率は男女ともに上昇し、男性の2割、女性の1割は生涯未婚であるという。2010年の総務省「国勢調査」によれば、平均初婚年齢も、妻は28.8歳となり、それに伴い、29歳以下、30～34歳での出生数は減少している。一方、35歳以上の出生数は増加しているが、晩産化により夫婦の出生児数が減少している。ほぼ子どもを生み終えた結婚持続期間15～19年の夫婦の平均出生子ども数である完結出生児数は、30年間にわたってほぼ2.2人前後で推移してきたが、2010年には1.96人となり、初めて2人を下回っている。

　以上のような状況を踏まえたうえでの子育て支援が急務とされている。

2．わが国の子育て支援対策

わが国では「1.57ショック」を契機に、仕事と子育ての両立支援など、子どもを生み育てやすい環境づくりに向けた対策の検討が始められた。子育てをめぐる支援は、子育て中の女性が仕事と子育てを両立できるよう保育サービスを充実させることが当初の中心であったが、現在は男女を問わず多様で公正な働き方の選択肢が充実し、結婚や出産・子育てと就労についてさまざまな選択が可能となるような環境整備を進めることが必要であるとの認識で進められている。そのため、就労と結婚・出産・子育ての二者選択構造を解決するためのワーク・ライフ・バランス（仕事と生活の調和）が重要な視点となっている。

ワーク・ライフ・バランスを実現するためには、両親による子育てについても、社会全体で支えていくしくみを構築していくことが必要である。子育てをしながら就業を継続するためには、育児休業制度や労働時間を短縮するなどの企業の取り組み、保育サービスの充実などの地域の取り組み、育児・家事を家族で分担する家庭内での取り組みがそれぞれ重要であり、総合的に進める必要がある。

3．わが国の子育て支援の課題

(1) わが国の家族関係社会支出

これまで次々と子育て支援対策が講じられたが、いまだ少子の状態は続いており、目的が達成できたとは言い難い状態が続いている。

わが国は欧州諸国に比べて、家族政策全体の財政的な規模が小さいことが指摘されている。家族関係社会支出の対GDP比を見ると、わが国は0.79％（2007年）となっており、フランスやスウェーデンなどの欧州諸国のおよそ4分の1となっている（**図表1**）。欧米諸国では、大学まで教育費が無料の国も多く、日本も子育て支援にかける財源を本格的に確保することが求められる。しかし、財政支出が多くても効果があるとは限

図表1　各国の家族関係社会支出の対GDP比の比較（2007年）

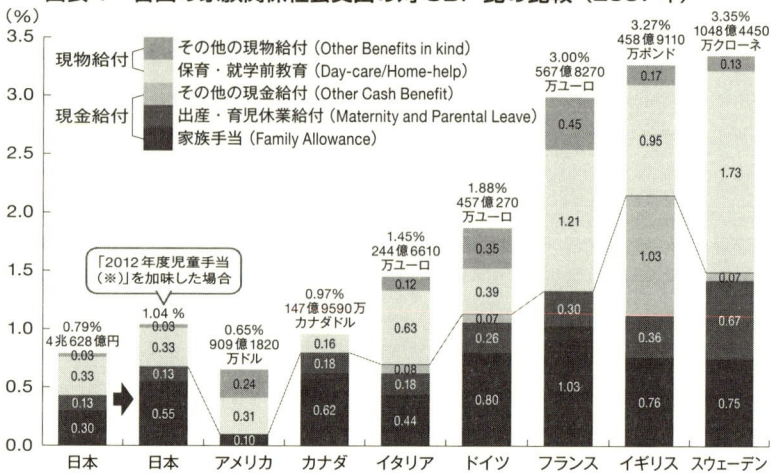

凡例		
現物給付	その他の現物給付 (Other Benefits in kind)	
	保育・就学前教育 (Day-care/Home-help)	
現金給付	その他の現金給付 (Other Cash Benefit)	
	出産・育児休業給付 (Maternity and Parental Leave)	
	家族手当 (Family Allowance)	

国	家族手当	出産・育児休業給付	その他の現金給付	保育・就学前教育	その他の現物給付	合計
日本	0.30	0.13	0.33	0.03		0.79%（4兆628億円）
日本（2012年度児童手当を加味した場合）	0.55	0.13	0.33	0.03		1.04%
アメリカ	0.10	0.31	0.24			0.65%（909億1820万ドル）
カナダ	0.62	0.18	0.16	0.18		0.97%（147億9590万カナダドル）
イタリア	0.44	0.18	0.08	0.63	0.12	1.45%（244億6610万ユーロ）
ドイツ	0.80	0.26	0.07	0.39	0.35	1.88%（457億270万ユーロ）
フランス	1.03	0.30		1.21	0.45	3.00%（567億8270万ユーロ）
イギリス	0.76	0.36		1.03	0.95	0.17	3.27%（458億9110万ポンド）
スウェーデン	0.75		0.07	0.67	1.73	0.13	3.35%（1048億4450万クローネ）

（注）「2012年度児童手当を加味した場合」は、家族手当額について、児童手当（2007年度9846億円）を2012年度予算における「児童手当制度給付費総額」（2兆2857億円）に単純に置き換えて試算したもの。
※手当の名称は「児童手当法の一部を改正する法律」（2012年法律第24号）による名称としている。

出典：［内閣府、2012（1）］p67を基に作成

らず、ドイツでは、児童手当と育児休業手当は手厚いが、保育施設が十分とは言えないため、合計特殊出生率は低くなっている。したがって家族政策の内容、子育てをめぐる諸政策においては一貫性が必要であることが指摘されている。

（2）家計支出と機会費用から見る子育て費用

我々は、結婚や出産、育児など人生の選択肢を主体的に選び、ライフコースに対応した家計管理を行う必要がある。その中で、子どもを持つことをちゅうちょさせる最大の理由として、子育てにお金がかかることが挙げられている。

子育て費用の捉え方はさまざまであるが、支出から見た子育て費用は、筆者の2004年推計によると、誕生から大学卒業までで、子ども一人当たり1700〜2800万円となった。また、子育てにより母親が仕事を中断した

図表2 母親の就業パターン別子育て費用

				専業主婦		パートタイム		フルタイム	
	中学	高校	大学	費用(万円)	指数	費用(万円)	指数	費用(万円)	指数
子育て支出	公立	公立	自宅 国立	1,701	100	1,719	101	1,795	106
			自宅 私立	1,957	115	1,975	116	2,051	121
			下宿 国立	2,002	118	2,020	119	2,096	123
			下宿 私立	2,313	136	2,331	137	2,407	142
		私立	自宅 国立	1,862	109	1,880	111	1,956	115
			自宅 私立	2,118	125	2,136	126	2,212	130
			下宿 国立	2,163	127	2,181	128	2,257	133
			下宿 私立	2,313	136	2,492	147	2,568	151
	私立	公立	自宅 国立	1,942	114	1,960	115	2,035	120
			自宅 私立	2,198	129	2,216	130	2,291	135
			下宿 国立	2,243	132	2,261	133	2,336	137
			下宿 私立	2,554	150	2,572	151	2,647	156
		私立	自宅 国立	2,103	124	2,121	125	2,196	129
			自宅 私立	2,359	139	2,377	140	2,452	144
			下宿 国立	2,404	141	2,422	142	2,497	147
			下宿 私立	2,715	160	2,733	161	2,808	165
機会費用		金額(万円)		約26,100		約23,300		約1,800	
		損失率		94.1%		84.0%		6.6%	
		指数		100		89.3		6.9	

(注) 1 母親のパターンは「出産・乳幼児期」の就業形態による。
　　 2 3ケースとも小学校は「公立」である。

出典：[増田、2004] p80を基に作成

場合の機会費用を同様に推計したところ、母親が専業主婦の場合で2億6100万円、パートタイムで2億3300万円、フルタイムで1800万円となり、支出に見る子育て費用をはるかに上回るものであった（**図表2**）。

子育てによる就業中断の機会費用は極めて大きく、子どもを産むことと就業を継続することが二者択一となっている現状を打開する必要があり、これを踏まえた子育て支援策が展開される必要がある。

第2節 諸外国の子育て支援サービスの動向

1. 欧米諸国の合計特殊出生率

欧米諸国の合計特殊出生率の動きを見ると（**図表3**）、1960年代まではほとんどの国で2.0以上の水準にあったが、1970年代～1980年代頃に低

図表3　合計特殊出生率の先進国比較

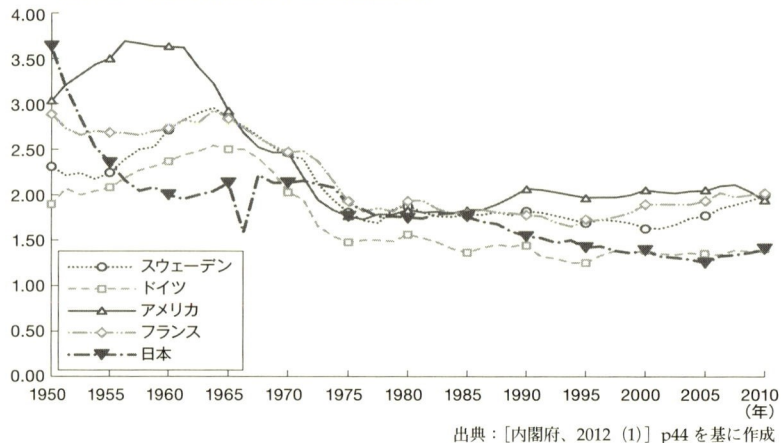

凡例：スウェーデン、ドイツ、アメリカ、フランス、日本

出典：[内閣府、2012（1）] p44 を基に作成

下傾向となった。1990年代以降は各国で独自の動きとなり、アメリカ、スウェーデン、フランス等では高めで推移している。一方で、ドイツのように低い水準で推移している国もあり、欧米諸国の中でも子育て支援のあり方によって、少子化の状況は異なる結果となっている。

2．欧米諸国の子育て支援制度

(1) 欧米諸国の多様な子育て支援形態

　欧米諸国の子育て支援制度は、児童手当制度等の経済的支援策や、育児休業制度等の仕事と育児の両立支援策がある。これらの施策は「少子化対策」というよりも、子どもやその家族に対して社会的に支援することを目的とした「児童・家族政策」として位置づけられ、長い歴史を有している。また、育児休業制度はヨーロッパ主要国で制度化されている。

　スウェーデンの子育て支援は国家主導的であり、政府は、家族政策について3つの目的を掲げている。すなわち、①子どものいる世帯といない世帯との生活条件を平等にすること、②母親と父親が共に家族的責任と職業を両立できる機会を保障すること、③弱点のある家族（ひとり親、障害のある子ども等）に特別な支援をすることである。①の目的達成の

ために育児休業中の所得保障は先進国の中で最も充実しており、休業期間の480日分の所得が保障されている。それにより父母ともに育児休業を取得し家庭で子どもを育て、1歳を過ぎてから徐々に保育施設に保育を委ねていくことが可能となっている。父親にも育児休業期間が割り当てられており、男性の育児参加を推進している。さらに保育サービスも充実しており、就学前学校、公開児童センター、就学前クラスなどの多様な保育施設の他に、コミューン（県政府）の責任の下で家庭型保育所が運営されている。そういった政策により、女性の就業率は世界一であると同時に、男性の育児参加も進んでいる（[汐見、2003]）。

　先進諸国の中でもフランスの合計特殊出生率は高めに推移しており、2010年で2.01となり、人口置換水準をクリアしている。フランスの子育て支援政策で傑出しているのは、家族給付制度と多様な保育サービスである。さらに子どもを持つ家庭ほど有利になる課税制度が注目される。例えば手厚く細やかな家族手当は、第2子以降には所得制限なしで20歳になる直前まで支給され、税制においても、累進課税下では、多数の子どもを持つ家庭ほど控除が大きいしくみとなっている

　また、子どもが3歳になるまで育児休業・労働時間短縮が認められ、第2子以降の育児休業手当は3歳まで受給可能である。職場に復帰する場合にも、保育ママ、ベビーシッターの利用に関する補助金が利用可能であるため、フルタイムで復帰する女性が多い。フランスでは在宅での保育サービスが発達しており、一定の要件を備えた者を登録する「認定保育ママ」が保育需要の多くを担っている。これらにより、出産期女性であっても80％という高い労働力率を維持している。これは男女とも週35時間労働制の短い労働時間であることも寄与している［内閣府、2006］。

　フランスは同棲による婚外子が一般的で、性別役割分業意識は弱いと言われるが、それでも子育てにおける母親の役割は重い。育児の社会化が進み仕事と育児のバランスを取るための選択肢は多いが、男性の育児参加が課題であり、育児休業取得者はいまだ少ない状況である。

(2) 民間主導型子育て支援政策

　カナダの家族政策の財政的な割合は小さい。それを補うかのように、子育て支援は民間主導型であり、必要に目覚めた人々による地域密着型のファミリーサポートシステムが発達している。

　注目すべき支援システムは「ファミリー・リソース・センター」であり、それは家族に必要な資源をそろえた子どもを連れた親の活動を支援する施設である。センターは、公的補助金、個人や慈善団体からのカンパを元手にNPOによって運営されている。主要な目的は「親の孤立を軽減させる」ことであり、親が子どもを連れて集い、子どもを遊ばせながら情報交換することが主な活動である。「親の子育て能力を高める」ことも目標に掲げられ、親講習会が開かれている。「ノーバディーズ・パーフェクト・プログラム」は、1980年代に現カナダ保健省によって開発されたプログラムであり、ファミリー・リソース・センターの親教育プログラムとして発展し、わが国でも導入され広く普及している［遠藤、2010］。

　さまざまな活動の中でもアウトリーチ活動は注目される。「ドア・ノッキング」といって個人宅を訪れ、センターに来るよう誘いかけるサービスである。来てほしい人に来てもらえないというわが国の支援から一歩進んだ支援であり、参考にすべき点があると言える。

　ニュージーランドでも、民間指導型の子育て支援が発達している。同国は建国以来、社会福祉と教育制度で世界をリードしてきた国である。女性の就労率が上昇する中、保育の質を向上させるために教育と保育を合わせた「エディキュア」という概念が発達し、幼稚園同様に保育所も教育施設としての位置づけを持っている。そこには「テ・ファリキ」と呼ばれる幼稚園・保育所共通のカリキュラムが実施され、幼保一元化が完成しているという評価もある。

　さらに保育サービスの形態が多彩なことが注目される。幼稚園や保育所などの施設型保育の他に特筆すべきは「プレイセンター」の活動である。プレイセンターは親や保護者が主体となって運営される自主的で協

働的な相互扶助的子育て支援活動である。活動は「セッション」と「ワークショップ」に分かれ、セッションでは精選された16の基本となるコーナー遊びが、親や保護者と子どもがいっしょに活動する形で実施されている。ワークショップでは親たちがセンター運営のための自主ゼミ的勉強会を実施しており、日本にも活動が紹介されている［久保田、2012］。

第3節 ワーク・ライフ・バランス社会に向けて

1．ワーク・ライフ・バランスの重要性

　私たちが希望する結婚や出産・子育てを実現しながら、少子化の流れを変えるためには、就労と出産・子育ての二者択一を迫られる状況を解消することが必要である。そのためには「女性が安心して結婚・出産し、男女ともに仕事も家庭も大事にしながら働き続けることができるシステム」すなわち「仕事と生活の調和（ワーク・ライフ・バランス）」の実現が重要となる。

　わが国でも共働き世帯が増加する中、多様な働き方の選択ができないことや非正規労働者の増大、長時間労働などが個々人の望む生き方の実

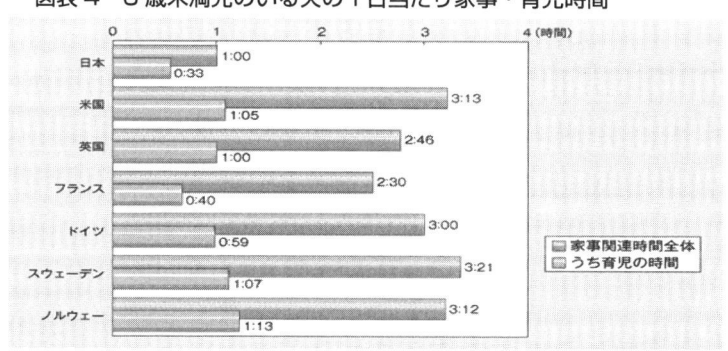

図表4　6歳未満児のいる夫の1日当たり家事・育児時間

国	家事関連時間全体	うち育児の時間
日本	1:00	0:33
米国	3:13	1:05
英国	2:46	1:00
フランス	2:30	0:40
ドイツ	3:00	0:59
スウェーデン	3:21	1:07
ノルウェー	3:12	1:13

出典：［内閣府、2012（2）］p83を基に作成

図表5　女性の年齢階級別労働力率（国際比較）

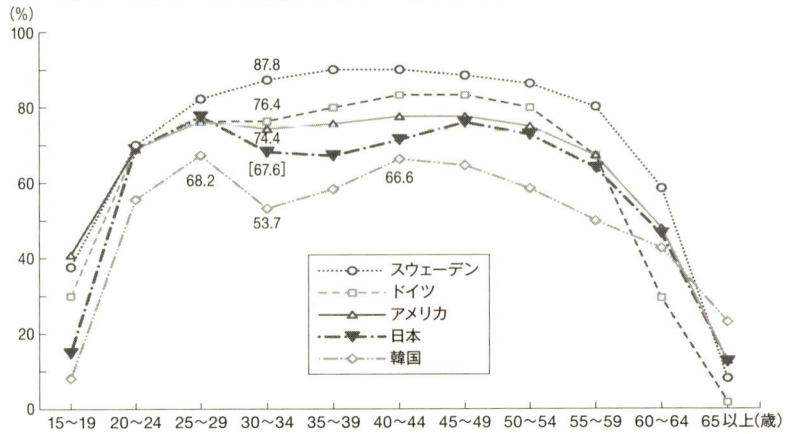

(%)
- スウェーデン
- ドイツ
- アメリカ
- 日本
- 韓国

主なデータ点：87.8、76.4、74.4、[67.6]、68.2、66.6、53.7

横軸：15～19、20～24、25～29、30～34、35～39、40～44、45～49、50～54、55～59、60～64、65以上（歳）

(注) 1　「労働力率」は、15歳以上人口に占める労働力人口（就業者＋完全失業者）の割合。
　　 2　アメリカの「15～19歳」は、16～19歳。
　　 3　日本は総務省「労働力調査（基本集計）」（2011年、岩手県・宮城県・福島県を除く）、その他の国はILO "LABORSTA"より作成。
　　 4　日本は2011年、韓国は2007年、その他の国は2008年の数値。

出典：[内閣府、2012（2）] p60を基に作成

現を困難にしている。6歳未満児のいる夫の家事・育児時間の国際比較を見ると（**図表4**）、欧米諸国に比べ日本の夫の家事時間は短くなっている。これは、男性の長時間労働や育児休業取得率の低さなどの働き方に課題があることを示している。夫の協力が得られないことなどの要因のため、日本の女性の労働力率は子育て世代で低くなっており、いわゆるM字型カーブを描いている（**図表5**）。

2．仕事と生活の調和（ワーク・ライフ・バランス）憲章

「仕事と生活の調和（ワーク・ライフ・バランス）憲章」（2007年）では、仕事は暮らしを支え、生きがいや喜びをもたらし、同時に家事・育児、近隣とのつきあいなどの生活も暮らしには欠かすことはできないものであり、両者の充実があってこそ、人生の生きがいと喜びは倍増するとしている。しかし現実社会では、仕事と生活の間で問題を抱える人が多く見られることを指摘している。その背景として、働き方の二極化等が進

んでいること、共働き世帯が増加している一方で働き方・役割分担意識がこれに対応していないことが指摘されている。この現状では、結婚や子育てに関する人々の希望が実現しにくいものになるとともに、「家族団らんの時間」や「地域で過ごす時間」を持つことも難しくなっており、少子化にもつながっている。

同様に憲章は、仕事と生活の調和が実現した社会とは、「国民一人ひとりがやりがいや充実感を感じながら働き、仕事上の責任を果たすとともに、家庭や地域生活などにおいても、子育て期、中高年期といった人生の各段階に応じて多様な生き方が選択・実現できる社会」であるとし、具体的には、①就労による経済的自立が可能な社会、②健康で豊かな生活のための時間が確保できる社会、③多様な働き方・生き方が選択できる社会を目指すべきであるとしている。そのためには、企業や国、地方公共団体が支援することが重要であり、社会全体の運動として広げていく必要があるとしている［内閣府男女共同参画局、2007］。

これらの取り組みを加速するため、内閣府は「仕事と生活の調和推進のための行動指針」を設定している。その中の「カエル！ジャパン」のキャンペーンは、企業、労働者、国・地方公共団体の各主体はもちろんのこと、広く国民の気運を醸成し、仕事と生活の調和の実現した社会に向けて、その取り組みの加速を目指している（図表6）。名称のカエルとは、「帰る」になぞらえて早く帰宅する風潮を誘導するものである。

ワーク・ライフ・バランスのあり方は個人によって異なり、大事なこ

図表6　カエル！ジャパンのシンボルマーク

出典：［内閣府、2009］p85 を基に作成

とは、自分の幸せを実現するためにどう時間を作るか、使うかという視点を持つことである。単に定時に帰るだけではなく、自分や家族が共に幸せになるために限られた時間を有効に活用することが真のワーク・ライフ・バランスにつながる。ワーク・ライフ・バランスを実現するためには、個人的な努力だけでは難しく、官民一体となった国民的な取り組みがますます必要なのである。

【引用・参考文献】

遠藤和佳子「ノーバディーズ・パーフェクト・プログラムの理論と実践――児童家庭支援センターにおける実践例を中心に」『関西福祉科学大学紀要』第13号、2010年、pp.37-47

久保田力「ニュージーランドの就学前教育から学ぶ日本の『子育て支援』と『幼保一元化』の課題―― 『プレイセンター』と『テ・ファリキ』をてがかりに」『子ども教育研究』第4号、2012年、pp.57-68

厚生労働省「平成24年人口動態統計月報年計（概数）の概況」2013年

国立社会保障・人口問題研究所「日本の将来推計人口（2012年1月推計）」2012年3月

汐見稔幸編著『世界に学ぼう！子育て支援』フレーベル館、2003年

内閣府『少子化社会白書〔平成18年版〕』ぎょうせい、2006年

内閣府『少子化社会白書〔平成21年版〕』佐伯印刷、2009年

内閣府『子ども・子育て白書〔平成24年版〕』勝美印刷、2012年 (1)

内閣府『男女共同参画白書〔平成24年版〕』勝美印刷、2012年 (2)

内閣府男女共同参画局仕事と生活の調和推進室「仕事と生活の調和（ワーク・ライフ・バランス）憲章」2007年

増田啓子「支出と機会費用からみた子育て費用」(社)日本家政学会家庭経済学部会関東地区編『少子高齢社会と生活経済』建帛社、2004年、pp.71-84

【監修者紹介】

林 邦雄（はやし・くにお）
　元静岡大学教育学部教授、元目白大学人文学部教授
　［主な著書］『図解子ども事典』（監修、一藝社、2004年）、『障がい児の育つこころ・育てるこころ』（一藝社、2006年）ほか多数

谷田貝 公昭（やたがい・まさあき）
　目白大学名誉教授
　［主な著書］『新・保育内容シリーズ［全6巻］』（監修、一藝社、2010年）、『子ども学講座［全5巻］』（監修、一藝社、2010年）ほか多数

【編著者紹介】

中野 由美子（なかの・ゆみこ）［第2章］
　目白大学大学院非常勤講師、前目白大学人間学部教授
　［主な著書］『家族援助論』（共著、光生館、2003年）、『子どもと教育』〈子ども学講座5〉（編著、一藝社、2009年）　ほか多数

【執筆者紹介】

(五十音順、[ ] 内は担当章)

飯塚 美穂子（いいづか・みほこ）[第8章]
　洗足こども短期大学専任講師

伊藤 博美（いとう・ひろみ）[第4章]
　認定こども園おとのは学園副園長

内田 知宏（うちだ・ともひろ）[第11章]
　東京立正短期大学専任講師

大河内 修（おおこうち・おさむ）[第14章]
　中部大学現代教育学部教授

木下 孝一（きのした・こういち）[第4章]
　南海福祉専門学校専任講師

佐藤 純子（さとう・じゅんこ）[第1章]
　淑徳大学短期大学部准教授

千葉 千恵美（ちば・ちえみ）[第12章]
　高崎健康福祉大学人間発達学部教授

水流 寛二（つる・かんじ）[第4章]
　特定非営利活動法人キャンピズ代表理事

寅屋 壽廣（とらや・としひろ）[第10章]
　大阪青山大学短期大学部教授

永田 彰子（ながた・あきこ）[第3章]
　安田女子大学教育学部准教授

新川 朋子（にいかわ・ともこ）［第 7 章］
　四日市大学環境情報学部非常勤講師

根本 治代（ねもと・はるよ）［第13章］
　昭和女子大学人間社会学部専任講師

原子 はるみ（はらこ・はるみ）［第 6 章］
　函館短期大学准教授

星野 智子（ほしの・ともこ）［第 5 章］
　大阪女子短期大学准教授

増田 啓子（ますだ・けいこ）［第15章］
　常葉大学保育学部准教授

森合 真一（もりあい・しんいち）［第 9 章］
　近畿大学豊岡短期大学専任講師

保育者養成シリーズ
家庭支援論

2013年9月20日　初版第1刷発行
2015年3月20日　初版第2刷発行

監修者　林 邦雄・谷田貝 公昭
編著者　中野 由美子
発行者　菊池 公男

発行所　株式会社 一藝社
〒160-0014　東京都新宿区内藤町1-6
Tel. 03-5312-8890　Fax. 03-5312-8895
E-mail : info@ichigeisha.co.jp
HP : http://www.ichigeisha.co.jp
振替　東京 00180-5-350802
印刷・製本　シナノ書籍印刷株式会社

©Kunio Hayashi, Masaaki Yatagai 2013 Printed in Japan
ISBN 978-4-86359-061-8 C3037
乱丁・落丁本はお取り替えいたします

一藝社の本

保育者養成シリーズ
林 邦雄・谷田貝公昭◆監修

《"幼児の心のわかる保育者を養成する"この課題に応える新シリーズ》

児童家庭福祉論　　　　髙玉和子◆編著
A5判　並製　224頁　定価（本体1,800円＋税）　ISBN 978-4-86359-020-5

教育原理　　　　大沢 裕◆編著
A5判　並製　208頁　定価（本体2,200円＋税）　ISBN 978-4-86359-034-2

保育内容総論　　　　大沢 裕・髙橋弥生◆編著
A5判　並製　200頁　定価（本体2,200円＋税）　ISBN 978-4-86359-037-3

保育の心理学Ⅰ　　　　谷口明子・西方 毅◆編著
A5判　並製　216頁　定価（本体2,200円＋税）　ISBN 978-4-86359-038-0

保育の心理学Ⅱ　　　　西方 毅・谷口明子◆編著
A5判　並製　208頁　定価（本体2,200円＋税）　ISBN 978-4-86359-039-7

相談援助　　　　髙玉和子・和田上貴昭◆編著
A5判　並製　208頁　定価（本体2,200円＋税）　ISBN 978-4-86359-035-9

保育相談支援　　　　髙玉和子・和田上貴昭◆編著
A5判　並製　200頁　定価（本体2,200円＋税）　ISBN 978-4-86359-036-6

保育・教育課程論　　　　髙橋弥生◆編著
A5判　並製　216頁　定価（本体2,200円＋税）　ISBN 978-4-86359-044-1

障害児保育　　　　青木 豊◆編著
A5判　並製　208頁　定価（本体2,200円＋税）　ISBN 978-4-86359-045-8

保育実習　　　　髙橋弥生・小野友紀◆編著
A5判　並製　208頁　定価（本体2,200円＋税）　ISBN 978-4-86359-046-5

幼稚園教育実習　　　　大沢 裕・髙橋弥生◆編著
A5判　並製　208頁　定価（本体2,200円＋税）　ISBN 978-4-86359-047-2

新版 保育者論　　　　谷田貝公昭・髙橋弥生◆編著
A5判　並製　208頁　定価（本体2,200円＋税）　ISBN 978-4-86359-051-9

子どもの食と栄養　　　　林 俊郎◆編著
A5判　並製　216頁　定価（本体2,200円＋税）　ISBN 978-4-86359-052-6

社会福祉　　　　山﨑順子・和田上貴昭◆編著
A5判　並製　224頁　定価（本体2,200円＋税）　ISBN 978-4-86359-053-3

ご注文は最寄りの書店または小社営業部まで。小社ホームページからもご注文いただけます。